영의 사람들

The People of the Spirit

윤종수 성서 명상 시선

영의 사람들 The People of the Spirit

2019년 2월 15일 초판 1쇄 인쇄
2019년 2월 22일 초판 1쇄 발행

지 은 이 | 윤종수
펴 낸 이 | 김영호
펴 낸 곳 | 도서출판 동연
등   록 | 제1-1383호(1992. 6. 12)
주   소 | 서울시 마포구 월드컵로 163-3
전   화 | (02)335-2630
전   송 | (02)335-2640
이 메 일 | yh4321@gmail.com

ISBN 978-89-6447-462-4   03230
ISBN 978-89-6447-450-1   03230 (세트)

윤종수 성서 명상 시선

영의 사람들

The People of the Spirit

동연

그의 영이

우리를 인도하셨다.

우리는 그의 영과

하나가 되었다.

그의 영이 함께하니

두려움이 없었다.

차례

2장

그리스도인

3장

말씀에 붙잡혀

4장

그들을 통하여

프롤로그(Prologue)

이제야 우리가
당신 앞에 나왔습니다.
당신은 지금까지
여기에 계셨군요.

당신은 존재의 근원이시고
만물의 형상이지만
지금 여기에서
우리와 함께하십니다.

당신 안으로 들어갑니다.
당신의 신성 속에 하나가 됩니다.
우리의 걸음이 순례가 되고
우리의 기도가 생명이 되오니

당신의 창조물을
당신께로 인도하소서!
당신의 땅에 들어가도록
우리를 허락하소서!

바람도 걸음을 멈추고
구름도 거기에 머물러
당신의 영광을

드러내고 있사오니

한 번의 숨결도
허투루 쉴 수가 없고
한 번의 걸음도
흐트러질 수가 없습니다.

그렇게 지금 당신께로
우리의 걸음을 옮기오니
생명의 영시여,
당신의 자리를 열어주소서!

1 장

그의 증인들

1. 데오빌로에게 (To Theophilus)

나는 당신이
창조자를 알기를 원합니다.
온 천지에 스며있는
그의 기운을 느껴야 합니다.

그의 생명이
우리 안에 있습니다.
그렇지 않으면
우리의 삶이란 무엇인가요?

겸손히 그 앞에 선다는 것은
그의 뜻을 안다는 것입니다.
그의 뜻대로 생명의 역사를
이루어가는 것입니다.

그의 뜻이 이루어져야 합니다.
그의 뜻을 이루어내야 합니다.
그것이 우리가
살아가는 이유입니다.

그것을 위해
그는 일하십니다.

우리와 함께
걷기를 원하십니다.

언젠가 우린
그 앞에 나아가야 합니다.
우리의 지나온 삶을
저울에 달아야 합니다.

당신은 그것을
알고 있나요?
아니면 아무런 뜻도 없이
하루가 지나가고 있나요?

우리는 세상에서도
하늘을 바라봅니다.
우리의 모든 생각이
거기에서 나오기 때문입니다.

데오빌로여, 내가 먼저 쓴 글에는 무릇 예수께서 행하시며 가
르치시기를 시작하심부터. Acts 1:1

2. 사도

의지를 가지고 기다려왔던
그들은 누구인가?
그들의 희망에 불을 붙인
생명의 사람이 있었다.

거기에서
역사가 일어났다.
거기에서 그들은
삶을 시작할 수 있었다.

아무도 알지 못했지만
그들만이 그를 알았다.
모두가 지나쳐 버렸지만
기다린 자들만 그를 만났다.

세상에서 그저 사는 사람들과
진리를 찾아 길을 걸었던 사람들은
처음부터
삶이 달랐다.

하루를 살아도
진지한 사람들은

모든 삶에 의미를 부여했다.
호흡은 그것을 위해 존재했다.

그들이 역사를 일으켰다.
잠자는 영혼을 일으키고
죽은 자를 살리는
거룩한 삶.

그렇게 살아야 했다.
순간을 영원처럼
자기의 자리에 앉아
자유를 누려야 했다.

수많은 소리가 있고
영겁의 삶이 있지만
진정으로 깨어있는 삶.
그것이 필요했다.

그가 택하신 사도들에게 성령으로 명하시고 승천하신 날까지
의 일을 기록하였노라. Acts 1:2

3. 성령의 세례

다시 시작해야 한다.
다시 태어나야 한다.
이대로 살 수는 없다.
새로운 삶을 살아가야 한다.

무엇을 위해
이 땅에서 살아가는가?
헛된 생각을 물리치고
하늘의 뜻을 생각해야 한다.

바라보는 것을 닮아가고
생각하는 것을 하게 되니
날마다 생각을 가다듬고
하늘을 바라보아야 한다.

땅에서 온 것은
땅으로 돌아가나
하늘에서 온 것은
하늘로 돌아간다.

너희는 너희가
돌아갈 곳을 아는가?

그것을 아는 자는
그 길을 걸어갈 것이다.

무엇을 기다리며
하루를 살아가는가?
기다리는 자는
그것을 얻게 될 것이다.

기다리는 자는
함부로 움직이지 않는다.
바람의 움직임을 살펴
자유의 춤을 추어야 한다.

물로 씻어야 하고
불로 태워야 한다.
그렇게 날마다 자신을
하늘에 드려야 한다.

요한은 물로 세례를 베풀었으나 너희는 몇 날이 못 되어 성령
으로 세례를 받으리라. Acts 1:5

4. 증인

하늘의 소리를 들어야 한다.
하늘의 역사를 보아야 한다.
나를 향하신 그 뜻을
깨달아야 한다.

미망을 버리고
욕망에서 벗어나서
허망을 넘어야 한다.
사망을 이겨야 한다.

창조의 세계 속에서
생명의 실상을 보고
역사의 현장을 살피며
섬김의 역사를 일으켜야 한다.

그의 인도하심을 따라
그를 따라가야 한다.
버리는 자는 얻을 것이고
얻으려 하는 자는 버림을 받을 것.

이 모든 역사를
증거 해야 한다.

눈으로 본 것을
말해야 한다.

본 것을
말하지 않는 자는
같은 공범인 것이니
악에 동조하는 것이다.

본 자만
증언할 수 있으니
보지 않고 말하는 것은
거짓에 불과할 것이다.

지금까지 오래 살아왔다.
무엇이 더 남아있는가?
남은 그 일을 마치고
세상을 떠나야 한다.

오직 성령이 너희에게 임하시면 너희가 권능을 받고 예루살렘
과 온 유대와 사마리아와 땅 끝까지 이르러 내 증인이 되리라.
Acts 1:8

5. 마음을 같이 하여

창조의 주님!
천지에 당신의 손길이 서려있고
우주에 당신의 신성이 가득하니
우리는 당신 안에서 살아갑니다.

생명의 주님!
당신이 생명의 시작이고
당신이 존재의 바탕이니
모든 것이 당신으로부터 비롯되었습니다.

역사의 주님!
당신은 하늘 위에 계시지 않고
세상의 진흙탕 속에서
우리와 함께 계십니다.

섭리의 주님!
당신의 뜻으로 시작되었고
당신의 뜻으로 완성이 되오니
당신의 평화가 이루어져야 합니다.

인도하시는 주님!
그러하니 우리를 인도하여

당신의 나라에 이르게 하소서!
우리 앞에서 당신의 뜻을 보여주소서!

초월의 주님!
모든 것이 여기에서 끝나지 않고
새로운 세계를 향하여 나아가니
당신의 신비를 알아야 합니다.

소리를 내어
당신의 뜻을 구합니다.
간절한 마음으로
소원을 올립니다.

우리에게 성령을 부으소서!
성령을 보내셔서 당신의 뜻을 알게 하시고
당신의 뜻을 이 땅에서 이룰 수 있도록
우리에게 힘과 용기를 주옵소서!

여자들과 예수의 어머니 마리아와 예수의 아우들과 더불어 마
음을 같이 하여 오로지 기도에 힘쓰더라. Acts 1:14

6. 맛디아(Matthias)

죽으러 간다.
잘 죽기 위해
그래서 잘 살기 위해
지금 하늘의 뜻을 따른다.

나를 드리기 위해
나를 태우기 위해
가장 멋지게 삶을 마치기 위해
나는 그곳으로 간다.

이제 때가 되었다.
이것을 위해
지금까지 살아왔던 것.
한 점 후회도 없다.

그의 뜻과 하나가 된다.
그가 나를 부르신다.
그의 소리가 들린다.
나의 무릎을 꿇는다.

그가 걷는 길을
나도 걸어야 한다.

그가 가신 길을
나도 따라야 한다.

그와 하나라면
두려움이 없다.
그와 같이 간다면
웃으며 갈 수 있다.

이 하늘 아래에서
웃으며 죽어갈 수 있다면
그래도 괜찮은 삶을
산 것이지 않겠는가?

알고 죽는 사람이 있고
모르고 죽는 사람이 있는데
그래도 나는 알면서
이 길을 가는 것이다.

제비를 뽑아 맛디아를 얻으니 그가 열한 사도의 수에 들어가
니라. Acts 1:26

7. 강한 바람

부수어야 한다.
강팍한 마음과
흐트러진 마음을
다시 세워야 한다.

어디에서 불어오는가?
모든 것이 거기에서 시작된다.
그것이 역사의 시작이고
그것이 역사의 마침이다.

그때부터
생명이 시작되고
거기에서
승패가 좌우된다.

그것을 견디어내야 한다.
끝까지 기다려야 한다.
넘어지지 말고
서 있어야 한다.

때가 되면
역사가 일어난다.

기대하고 기도하면
하늘이 문을 연다.

그 속에서
소리를 들어야 한다.
무엇이 우리를
부르고 있는가?

무엇을 위해
우리는 소원을 아뢰는가?
하늘의 역사를 알지 못하면
욕망에 의해 지배를 당한다.

날마다 자신을 쳐서
하늘의 소리를 듣는다.
불어오는 소리에
귀를 기울인다.

홀연히 하늘로부터 급하고 강한 바람 같은 소리가 있어 그들
이 앉은 온 집에 가득하며. Acts 2:2

8. 불의 혀

그의 입에서는
불이 나왔다.
그의 혀는
통찰이었다.

한마디 말로
천하를 불사르고
하나의 문장으로
하늘을 담을 수 있으니

지혜를 얻어야 한다.
천리를 알아야 한다.
계시가 없으면
입을 닫아야 한다.

살리는 말이 아니라면
침묵을 해야 한다.
차라리 그러면
우매함은 없다.

계시가 없이
깨달음이 없고

통찰이 없이
지혜는 없는 것.

궁구하는 자는
얻을 것이요
몰두하는 자는
통하게 될 것이다.

날마다
길을 걸으며
때때로 멈추어
자리에 앉는다.

마음을 여니
하늘이 내려오고
생각을 여니
깊이가 나온다.

마치 불의 혀처럼 갈라지는 것들이 그들에게 보여 각 사람 위
에 하나씩 임하여 있더니. Acts 2:3

9. 성령의 충만

육에서 온 것은
땅으로 돌아가고
영에서 온 것은
하늘로 돌아간다.

육신을 주셨으니
마음을 수련하고
영혼을 주셨으니
영성을 훈련한다.

육신을 단련하여
사명을 이루어가고
영혼은 거듭나서
성령을 따라간다.

땅에서 온 육신은
육의 생각을 하지만
하늘에서 온 영은
영의 생각을 한다.

육신은 땅에 엎드려
하늘을 경외하고

영혼은 성령과 함께하여
거룩한 길을 간다.

땅에서 온 육신은
굴레를 벗어야 하고
영혼은 진리를 추구하여
자유를 누려야 한다.

육신을 위해서는
밥을 먹어야 하지만
영혼을 위해서는
진리를 먹어야 한다.

세상에서 온 육신은
세상의 길을 걸어가고
하늘에서 온 영혼은
생명의 길을 걸어간다.

그들이 다 성령의 충만함을 받고 성령이 말하게 하심을 따라
다른 언어들로 말하기를 시작하니라. Acts 2:4

10. 그의 영

그가 오서야 한다.
그가 역사해야 한다.
그래서 우리의 육체에
그의 영이 깃들어야 한다.

아무도 받아보지 못한
하늘의 계시를 받아야 한다.
욕망에 물들지 않은
진리를 알아야 한다.

그의 영으로
하늘의 세계를 보아야 한다.
하늘의 음성을
들어야 한다.

꿈꾸지 않는 자는
이미 죽어있는 것.
더 이상 그를
죽일 필요도 없다.

그것이 우리의 희망이다.
천지가 개벽되고

닫혔던 하늘이 열리며
새로운 사람으로 변화되는 것.

광야에 서본 자만이
그 소리를 들을 수 있고
그 길을 걸어본 자만이
그 세계를 알 수가 있으니

무엇을 찾아
여기까지 왔는가?
하늘이 찾는 사람.
그가 여기에 있다.

조그만 숨결에도
역사가 일어나고
바람만 불어도
꽃이 피어난다.

내가 내 영을 모든 육체에게 부어 주리니 너희의 자녀들은 예
언할 것이요 너희의 젊은이들은 환상을 보고 너희의 늙은이들
은 꿈을 꾸리라. Acts 2:17

11. 나사렛 예수

어디에서든
생명의 기도를 드린다면
자리가 문제가 아니요
일이 문제가 아니다.

언젠가 하늘이 열리고
하늘의 바람이 불어와
우리를 가볍게 들어올려
그곳으로 이끄실 것이니

그렇게 해야 한다.
세상의 보이는 것으로
영의 세계를 알 수 없다.
오직 눈뜬 자만이 볼 수 있는 것.

하늘이 증거 할 때까지
조용히 기다려야 한다.
묵묵히 자기의 자리에서
주어진 길을 걸어야 한다.

누가 그때까지
참아낼 것인가?

하늘의 역사를 보며
희망을 간직할 것인가?

그것을 보여주기 위해
그는 이 땅에 오신 것.
아무것도 없이
길을 걸었던 것.

가볍게 휘적휘적
그렇게 걸어야 한다.
하늘의 세계로
들어가야 한다.

그것이 아니라면
무엇을 위해 살아가는 것인가?
그를 따라 그와 함께
그렇게 길을 걸어간다.

하나님께서 나사렛 예수로 큰 권능과 기사와 표적을 너희 가
운데서 베푸사 너희 앞에서 그를 증언하셨느니라. Acts 2:22

12. 생명의 길

내 앞에
길이 있다.
그가 보여주신 길.
그가 걸어가신 길.

그를 칭송하는 것이 아니라
그의 옷을 입고
한 발자국씩
길을 걸어가는 것이다.

그것이 아니라면
한낱 살아가는 것이
무슨 의미가 있겠는가?
그렇게 살고 싶지는 않다.

하루를 살더라도
천년의 깊이를 가지며
한 번 숨을 쉬더라도
영원을 맛보는 것.

새벽이 아니라면
소리가 들리지 않고

홀로가 아니라면
함께할 수가 없으니

여기에 길이 있다.
그가 걸어가신 길.
우리가 걸어야 할
가장 아름다운 길.

길이 있으니
길을 걷는다.
소리가 있으니
깨달음을 얻는다.

지고의 기쁨이 내려온다.
아무도 누리지 못했던 생명의 삶.
영원히 걸어갈 끝이 없는 길.
그것이 우리에게 남아있다.

주께서 생명의 길을 내게 보이셨으니 주 앞에서 내게 기쁨이
충만하게 하시리로다. Acts 2:28

13. 성령의 선물

세상의 욕심을 버리고
하늘을 따르는 자들은
세상과는 다른
길을 걸어간다.

거룩은 깨끗한 것이다.
하나님 앞에
그리고 사람들 앞에
하늘의 영광을 나타내는 것이다.

세상의 선물은 세상의 부귀지만
성령의 선물은 거룩한 삶이다.
성령의 선물이 아니라
성령이 선물이다.

거룩한 삶을 살아가면
세상이 범접할 수 없고
세상과 구별되는
능력이 나타난다.

이렇게 하여
그의 말을 듣고

그의 열매를 살피면
그의 영을 알 수가 있는 것.

성령을 따르는 자들은
하늘의 뜻을 알고
그 뜻을 이루기 위해
자신을 바치는 것이다.

무엇을 위해
자신을 바치려는가?
무엇을 하며
세상에서 살아가려는가?

그렇게 자유를 누리며
삶을 살아내야 한다.
자신을 드려
그 길을 걸어야 한다.

너희가 회개하여 각각 예수 그리스도의 이름으로 세례를 받고
죄 사함을 받으라. 그리하면 성령의 선물을 받으리니. Acts 2:38

14. 힘쓰느라

자신을 바쳐야 한다.
거기에 불살라야 한다.
제물 없이 드려지는 제사가 있었으며
희생 없이 이루어진 역사가 있었던가?

어디에 마음이 가는가?
무엇에 시간을 쓰는가?
그것에 따라
자기의 삶이 결정된다.

겸손히 나를 버리고
그의 뜻을 따른다.
그의 피로 세우신
거룩한 사람들.

힘써야 한다.
열심을 내야 한다.
항상 생각해야 한다.
저절로 되는 것은 없다.

기필코 이루어내야 한다.
나를 보내신

하늘의 뜻을
성취해야 한다.

나를 가르치소서!
진리를 알게 하소서!
하늘의 길을
걷게 하소서!

헛된 욕망을 버리고
진리와 함께하게 하소서!
항상 그 안에
거하게 하소서!

날마다 하늘의 문을 열고
소원을 아뢰게 하소서!
한순간도
그저 지나지 않게 하소서!

그들이 사도의 가르침을 받아 서로 교제하며 떡을 떼며 오로
지 기도하기를 힘쓰니라. Acts 2:42

15. 통용

내 것은 없다.
다만 잠깐 동안
빌려 쓰는 것일 뿐.
조심히 잘 써야 한다.

내 것이라도 해도 그렇다.
맡겨진 것에 대해
착한 마음으로
충성된 종으로

순간의 시간.
영겁의 세월.
주어진 자원.
천하의 생명.

겸손한 자세로
가장 경건하게
무릎을 꿇어
받쳐 든다.

그것을 계속한다.
멈추지 않는다.

그 앞에 가는 날까지
거기에서 살아간다.

영으로 예배하며
진리를 추구하며
날마다 순간마다
영원을 살아간다.

함께 해야 한다.
그것을 통해
역사가 일어난다.
나는 그것을 안다.

있을 때 나눈다.
그것까지 사라지면
더 이상 할 게 없으니
그것이 나의 행복이다.

믿는 사람이 다 함께 있어 모든 물건을 서로 통용하고. Acts
2:44

16. 기도의 시간

자리에 앉으니
하늘이 내려온다.
나는 하늘로 들어간다.
하늘과 나는 하나이다.

어디든 내가 앉는 곳이
하늘의 자리이다.
나는 거기에서
하늘을 만난다.

땅에 앉아
하늘을 만난다는 것.
세상에서 가장 높은
무아의 경지이다.

나는 없다.
내가 사라질 때
거기에서
역사가 일어난다.

힘을 빼고
몸을 낮추고

하늘 앞에 나를 내려놓을 때
그때 하늘이 열리게 된다.

하여 우리는
시간을 내고
시간을 정해서
자리에 앉아야 한다.

내가 자리에 앉는
바로 그곳이
하늘을 만나는
나의 성소인 것.

오늘도 나는
내 자리에 앉아
하늘의 성전으로 들어가
그의 역사를 기다린다.

제 구시 기도시간에 베드로와 요한이 성전에 올라갈 새. Acts
3:10

17. 내게 있는 것

나에게는
그가 있다.
언제나 나를 생각하며
내 옆에 있어주는 사람.

내 옆에서
나와 함께하여
초라한 나에게
마음을 준다.

나에게
미소를 지으며
따뜻한 말을 건넨다.
식사라도 하셨어요.

그가 필요하다.
마음이 통하여
항상 옆에서
함께하는 사람.

어려울 때
나를 위해

한마디 기도를
올려주는 사람.

그 한 사람이 있다면
나는 광야의 길과
십자가의 길이라도
외롭지 않을 것이다.

내게 있는 것은 무엇인가?
없는 것을 찾지 않고
지금의 나에게
있는 것을 찾는다.

일어나 걸어야 한다.
나의 앞에 놓여있는
그 길을 걸어야 한다.
그가 나를 부르고 있다.

베드로가 이르되 은과 금은 내게 없거니와 내게 있는 이것을
네게 주노니 나사렛 예수 그리스도의 이름으로 일어나 걸으라.
Acts 3:6

18. 생명의 주

내가 당신을 못 박았나이다.
겸손의 은혜와
믿음의 인내를 저버리고
당신의 뜻을 따르지 못했나이다.

좁은 생각으로
머리에 가시관을 씌우고
당신의 고귀한 사상에
거역의 낙인을 찍었나이다.

헛된 것을 찾아
영원을 보지 못하고
눈앞의 현실에 얽매어
푸른 이상을 버렸나이다.

거룩한 입술로
더러운 말을 뱉으며
얼마나 많은 생명에게
상처를 주었던가요?

손을 모으고 기도를 드리며
그 손을 내밀어 사랑을 베풀어야 함에도

남에게 손가락질을 하며
헛된 것을 가리켰나이다.

걸어야 할
순례의 길을 버리고
헛된 것을 찾아
수없이 헤맸던 나날들.

용서하소서!
내가 당신을 버렸나이다.
거듭나고 또 타락하며
수없이 반복하는 행실로

나는 매일
가슴을 후벼내어
흘러가는 그곳에
눈물의 강을 만들었나이다.

생명의 주를 죽였도다. 그러나 하나님이 죽은 자 가운데서 그
를 살리셨으니 우리가 이 일에 증인이라. Acts 3:15

19. 새롭게 되는 날

그날이
새로운 날이다.
지극히 작은 생명들이
사랑스럽게 보이는 날.

그들이 바로
내가 되어
그들과 내가
하나가 되는 날.

그들과 나는
떨어져 있지 않다.
같은 숨을 쉬며
같은 물을 마신다.

그들의 아픔이
나의 아픔이고
그들의 기쁨이
나의 기쁨이다.

이제 광야의 길이
나의 길이 된다.

주어진 운명이
나의 숙명이다.

모든 것을 버리고
그 앞으로 나아간다.
세상의 모든 것이
다 헛된 것이다.

하여 나는
그를 따라 하염없이
순례의 길을
걸어 간다.

그날을 기다리며
오늘을 살아간다.
바로 여기에
오늘의 내가 있다.

그러므로 너희가 회개하고 돌이켜 너희 죄 없이 함을 받으라.
이같이 하면 새롭게 되는 날이 주 앞으로부터 이를 것이요.
Acts 3:19

20. 너의 씨

어디에서 왔는가?
나오는 말과
떠오르는 생각을
유심히 살핀다.

하늘에서 온 자는
하늘의 말을 하고
땅에서 온 자는
땅의 말을 한다.

믿음의 조상에서
믿음의 자손이 나오고
언약의 백성에서
언약의 후손이 나오는 법.

없는 것에서
있는 것이 나오지 않고
있는 것에서
없는 것이 나오지 않는다.

하나의 씨앗에서
천하가 나오고

하나의 생명이 자라
뭇 생명이 살아갈 수 있다.

그렇게 하여
진리가 이루어진다면
그 씨앗 하나로
생명이 퍼져나간다.

하나의 씨앗이 자라
수많은 열매를 맺으니
한 알의 씨앗도
함부로 할 수가 없다.

좋은 씨앗을 뿌리며
정성으로 땅에 심는다.
하늘의 때를 기다리며
오늘 여기를 살아간다.

너희는 선지자들의 자손이요 또 하나님이 너희 조상과 더불어
세우신 언약의 자손이라 아브라함에게 이르시기를 땅위의 모
든 족속이 너의 씨로 말미암아 복을 받으리라 하셨으니 Acts
3:25

21. 머릿돌

그렇게
맨 바닥에 박혀
생명의 기초가
되고 싶었다.

아무도 돌아보지 않아도
누구도 알아주지 않아도
내가 좋으면
되는 것이다.

그렇게 하여
조그만 역사가 시작되고
세상에 희망의 불꽃이 타오른다면
정말 멋진 삶일 것이다.

그렇게 나는
사라져야한다.
나는 죽고
그만 살아야 한다.

여러 가지 삶이 있을 것이다.
기름기가 흐르고

자기는 배가 부르지만
하늘은 고개를 돌리는 삶.

비가 내리고
바람이 불어쳐도
묵묵히 흔들리지 않는
천년의 주춧돌처럼

적어도 난
하늘에서 버림을 받는
그런 삶을
살고 싶지는 않다.

하루를 살아도
영원을 사는
아름다운 이름을
남기고 싶다.

이 예수는 너희 건축자들의 버린 돌로서 집 모퉁이의 머릿돌
이 되었느니라. Acts 4:11

22. 유명한 표적

사람을 살린다.
생명을 준다.
역사를 일으키고
진리를 밝힌다.

세상에서
가장 놀라운 기적.
시대의 변화를
막을 수가 없다.

위에서 흐르는 물은
아랫물을 밀어내고
도도히 흘러가
역사를 이룬다.

넘치는 물은
흐르게 해야 하고
나아가는 시대는
변하게 해야 한다.

누가 흐르는 물을
막을 수가 있으며

누가 세상의 변화를
멈출 수가 있겠는가?

그것이 우주의 본질이고
그렇게 하여 세상은
계속되는 것이거늘…
그것을 모르고 오늘을 살아간다.

문득 길을 멈추면
움직이는 소리가 들리고
만물은 부지런히
제 갈 길을 가고 있다.

들리는 소리가 멈추면
우리의 삶도 끝날 것이고
세상의 신비가 끝나면
인생도 사라질 것이다.

이 사람들을 어떻게 할까? 그들로 말미암아 유명한 표적이 나
타난 것이 예루살렘에 사는 모든 사람에게 알려졌으니 우리도
부인할 수 없는지라. Acts 4:16

23. 담대히

누구 앞에도
무릎을 꿇지 않는다.
그렇게 비굴하게
살 수는 없다.

위협 앞에
비겁하지 않고
죽음 앞에
물러서지 않는다.

어차피
한 번은 죽어야 하는 것.
어떻게 죽을 것인가,
그것이 문제이다.

그렇지 않은가?
죽을 때를 선택하고
미리 준비하며
기다리는 것.

잘 살기도
해야 하겠지만

잘 죽는 것이
더 중요하다.

죽음의 시간에
흔들리지 않는다면
누구도 그를
어찌할 수 없다.

너는 어떤 사람인가?
무엇을 남길 것인가?
어떻게 너의 삶을
마치길 원하는가?

더러운 목숨을 구걸하며
수백 번 죽을 것인가?
아니면 멋지게 한번
몸을 던질 것인가?

주여, 이제도 그들의 위협함을 굽어보시옵고 또 종들로 하여금
담대히 하나님의 말씀을 전하게 하여 주시오며. Acts 4:29

24. 거룩한 종

거룩한 길에서
역사가 일어난다.
다른 무언가를
억지로 할 필요가 없다.

그저 그 자리에서
마음의 눈을 뜨고
하늘의 뜻에 따른다.
그보다 앞서지 않는다.

마음이 가는 데서
움직임이 생겨난다.
마음이 가지 않는데
무엇이 일어나겠는가?

그가 걸어가신 길.
하늘의 종으로
하늘의 사람으로
주어진 길을 간다.

주변을 살피며
스치는 인연을

손으로 받쳐 든다.
거저 주어지는 것은 없다.

너희는 그렇게 살아라.
나는 이렇게 살으리라.
순간에서 영원을 보며
묵묵히 길을 가리라.

얼굴에 미소를 지으며
어떠한 욕심도 버린 채
그렇게 무심으로
기도를 올리리라.

이보다 귀한 것이
무엇이 있으며
이보다 거룩함이
어디에 있으랴?

손을 내밀어 병을 낫게 하시옵고 표적과 기사가 거룩한 종 예
수의 이름으로 이루어지게 하옵소서! Acts 4:30

25. 위로의 아들

그것을 위해
나를 세상에 보내셨다.
하늘을 열어
빛을 내리셨다.

그것을 위해
내가 여기에 있다.
죽은 자를 깨우고
잠든 자를 일으키는 것.

모든 이에게
희망을 주고
다시 일어설 수 있는
힘을 주는 것.

그것을 할 수만 있다면
순간을 살아도 여한이 없다.
가장 위대한 일을
날마다 행하는 것이다.

그것이 필요하다.
모든 자가 원하는 것.

배만 채우고는
살 수가 없다.

너무 아파
죽어가는 자들은
그것이 없이는
살 수가 없다.

무언가 조그만 것이라도
마음을 주어야 한다.
자신의 모든 것을 다해
그 뜻을 이루어야 한다.

그렇게 조용히
삶을 마쳐야 한다.
그리고 마침내 마지막에는
무로 돌아가야 한다.

구브로에서 난 레위족 사람이 있으니 이름은 요셉이라. 사도들
이 일컬어 바나바라(번역하면 위로의 아들이라). Acts 4:36

26. 소유

아무런 욕심이 없다.
그저 주어진 것으로
최선을 다하며 살다가
하늘로 돌아가는 것이다.

아무것도 바라지 않는다.
위대한 업적도
화려한 명성도
언젠가 모두 사라질 것.

그래서 사는 동안
조그만 불을 밝히면 된다.
그 이상도 아니고
그 이하도 아니다.

더러운 이름을 남기지 않고
한낱 이름 없는 들꽃처럼
은은한 이름을
남기는 것이다.

나의 것은 없다.
모두가 그의 것인 것.

그가 원하신다면
그가 가져가실 것이니

그가 가져가시기 전에
내가 먼저 드리면 된다.
원래 없었으니
없던 것으로 돌아간다.

그래도 조금은
남겨야 하지 않을까?
어차피 내 삶을 드렸으니
조금 남겨도 괜찮을 것이다.

그 틈새로
바람이 들어온다.
후회는 하지 않을까?
내가 진정 잘 하는 것일까?

아나니아라 하는 사람이 그 아내 삽비라와 더불어 소유를 팔
아. Acts 5:1

27. 시험

죄가 문 앞에
엎드려 있다.
굶주린 사자가
삼킬 자를 찾는다.

물질의 문명에
물들어 버리면
어떻게든 더러운 이윤을
찾아 헤매게 된다.

한 번 빠지면
헤어 나올 수가 없다.
하여 우리는 언제나
광야에 서야 한다.

기도의 줄로
서로를 묶어야 한다.
마음이 강팍해지지 않도록
자비를 가져야 한다.

항상 머리를 숙이고
은혜를 구해야 한다.

신중하게 움직이며
절제를 해야 한다.

모든 것을 전부 다
내보이면 안 된다.
자신만의 신비를
간직해야 한다.

언제나 그 앞에
서 있어야 한다.
한 치의 거리도
떨어지면 안 된다.

그와 하나가 되어
주어진 길을 걸어야 한다.
우리 앞에 놓여있는
순례의 길로 가야 한다.

베드로 이르되 너희가 어찌 함께 꾀하여 주의 영을 시험하려
하느냐? 보라 네 남편을 장사하고 오는 사람들의 발이 문 앞에
이르렀으니 또 너를 메어 내가리라. Acts 5:9

28. 그의 그림자

당신의 그늘 아래
시원함을 얻습니다.
인생의 뜨거운 광야에서
넘어지고 또 쓰러져도

다시 일어섭니다.
당신의 뒤를 따라
주어진 십자가를 지고
사명의 길을 걷습니다.

눈을 떼지 않습니다.
눈을 들어 당신을 바라봅니다.
순간 마음을 잃으면
천 길 벼랑으로 떨어지니

당신의 그림자로
나를 덮으소서!
사랑의 그림자로
나를 감추소서!

감히 당신 앞에 설 수가 없어
이렇게 무릎을 꿇나이다.

두 손으로 받쳐
은혜를 받습니다.

때마다 순간마다
당신을 생각합니다.
영성의 칼날 위에 서서
거룩한 춤을 춥니다.

날마다 당신과 함께
죽음의 길을 걷습니다.
이렇게라도 살아가야
당신께 도달할 것이니

도중에 떨어져
낙심하지 않고
끝까지 길을 걸어
당신 옆에 섭니다.

심지어 병든 사람을 메고 거리에 나가 침대와 요 위에 누이고
베드로가 지날 때에 혹 그의 그림자라도 누구에게 덮일까 바
라고. Acts 5:15

29. 생명의 말씀

그 길을 걸어야 했다.
하늘의 성전에서
그의 소리를 들으며
자리를 지켜야 했다.

언제나 자신을
돌아보지 않으면
나락으로 떨어져
버림을 받는다.

생명의 말씀을 놓치면
무엇을 잡고 살겠는가?
능력을 잃으면
후회의 삶이다.

떨어져 보지 않으면
그것을 알지 못한다.
떨어져 버리면
평생의 후회다.

우리는 항상
그 안에서 살아간다.

죄를 짓고 회개하고
돌이키고 죄를 짓는다.

머리를 들 수 없다.
아무도 자신할 수 없다.
그저 하루를
조심스레 살아갈 뿐.

손가락질 할 수 없고
비난을 할 수 없다.
하늘을 바라보며
길을 걸을 뿐이다.

다만 은혜이다.
사는 날 동안
은혜 속에서 살아갈 뿐이다.
그가 부르시는 날을 기다릴 뿐이다.

가서 성전에 서서 이 생명의 말씀을 다 백성에게 말하라. Acts
5:20

30. 순종

편안보다 불편이다.
몸이 편할수록
영성은 죽어가니
나를 쳐서 그에게 복종한다.

평안보다 고난이다.
아무것도 없었으니
잃을 것이 무엇인가?
버리기 위해서 오늘을 산다.

축복보다 거룩이다.
거룩함이 지복이니
그를 닮아
하늘 형상을 이룬다.

행복보다 성화이다.
잘 먹고 잘 사는 것이 아닌
나의 자리에서
그의 뜻을 이루어 간다.

내가 걸어가야 할 길.
내가 붙들어야 할 길.

이 길이 아니라면
사는 것이 무엇인가?

날마다 나를 쳐서
그를 따르지 아니하면
세상의 죄악에 빠져
멸망으로 가게 될 것.

하여 오늘도 나는
길을 걷는다.
순종의 길.
순례의 길.

이것이 내가 걸어야 할
승리의 길이다.
그를 따라
하늘에 이르는 길이다.

31. 버려두라

어디에서 왔는가?
어디로 가고 있는가?
항상 기원을 살펴야 하고
그 결과를 생각해야 한다.

사람에게서 왔으면
버려야 하고
하늘로부터 왔으면
키워야 한다.

순수로 돌아가야 한다.
욕심을 버려야 한다.
주어진 은혜에
감사해야 한다.

더 이상 무엇을 바라는가?
마지막을 예상해야 한다.
그림도 없이
삶을 살아가는가?

허물지 않아야 한다.
세우기는 어려워도

무너지기는 아주 쉬운 법.
한순간에 나락으로 떨어질 것이니

자신을 지켜야 한다.
진리로 살아야 한다.
광야로 나가야 한다.
하늘을 보아야 한다.

마음을 살펴야 한다.
마음이 어디로 흐르는가?
마음 하나로 생각이 시작되고
생각으로 운명이 바뀌게 된다.

가만히 두어라.
하늘이 역사할 것이니
때로 눈을 지그시 감고
침묵으로 길을 떠나야 하리라.

이제 내가 너희에게 말하노니 이 사람들을 상관하지 말고 버
려두라. 이 사상과 소행이 사람으로부터 났으면 무너질 것이
요. Acts 5:38

32. 능욕

고난의 욕을
당하지 않으면
죄악의 욕에게
먹히게 된다.

그를 위하여
욕을 먹지 않으면
너 자신이 욕에
빠지게 되리라.

아무것도 하지 않으면
어떤 욕도 먹지 않을 것이고
새로운 길로 나서지 않으면
길을 열지 못하리라.

좋은 것이
좋은 것이 아니고
나쁜 것이
나쁜 것만 아니다.

아직도 거기에 있는가?
나는 여기에 있다.

세상이 알지 못하는
하늘의 세계.

너는 거기에서 살라.
나는 여기에서 산다.
한 순간을 살아도
하늘의 숨을 쉬면서

조금씩
나 자신을 낮추어
날마다 하늘로 향하여
걸음을 옮긴다.

이렇게 걷다보면
드디어 어느 날,
하늘 위에 서게 되겠지.
그때 거기에서 하늘을 만나겠지.

사도들의 그 이름을 위하여 능욕 받는 일에 합당한 자로 여기
심을 기뻐하면서 공회 앞을 떠나니라. Acts 5:41

33. 원망

있어도 불평이고
없으면 원망이다.
사물을 어떻게 보느냐는
자기의 선택이다.

오늘도 사람들은
착각에 빠져서 산다.
원래 자기 것이
어디에 있었는가?

주어도 더 달라하고
안 주면 삿대질을 한다.
비교심에 빠져
공평해야 한단다.

언제부터
그런 권리를 가졌는데…
도대체 자족을 모르는
터진 부대자루들이다.

먹는 것이 전부이고
즐기는 것이 목표이니

그것이 없이는
살맛이 없다.

삶의 질이나 의미에는
도대체 관심이 없다.
그렇게 살다가
한평생을 마친다.

관심이 어디에 있는가?
있어도 없는 듯
없어도 있는 듯
하늘을 보아야 한다.

있으면 감사이고
없으면 금식하고
모든 것이 수행이요
앉으면 기도의 시간이다.

그때에 제자들이 더 많아졌는데 헬라파 유대인들이 자기의 과
부들이 매일의 구제에 빠지므로 히브리파 사람을 원망하니.

Acts 6:1

2 장

그리스도인

34. 말씀의 사역

말씀을 땅에 던져
세상이 시작되었으니
나도 말씀으로
하루를 시작한다.

말씀이 떨어져
만물이 생겨났으니
나도 존재에
의미를 부여한다.

그의 종이오니
그가 하신 대로
그가 하라는 대로
그저 순종할 뿐이다.

말씀이 형상을 입고
이 땅에 오셨으니
나도 말씀으로
여기에 왔다.

무수히 존재하는
무형의 말씀으로

여기에 기록하여
통찰이 되었다.

말씀의 예지자.
말씀의 담지자.
하늘의 뜻을 펼쳐
세상에 불을 지른다.

타올라야 한다.
재가 되어야 한다.
아무것도 남김없이
불태워야 한다.

말씀을 붙들고
말씀으로 살아가니
오늘도 말씀을 따라
거기에 승부를 건다.

열두 사도가 모든 제자를 불러 이르되 우리가 하나님의 말씀
을 제쳐놓고 접대를 일삼는 것이 마땅하지 아니하니. Acts 6:2

35. 성령과 지혜

무엇이 성령이며
무엇이 지혜인가?
하늘의 뜻을 따라
그 역사를 이룸이다.

마음을 잡지 못하면
죽음이 찾아오니
날마다 마음을 다잡아
그 앞으로 나아간다.

욕망을 따르면
파멸이 올 것이고
성령을 따르면
승리가 올 것이다.

내 자리에 앉아
미소를 띠운다.
나는 지금
어디에 있는가?

한순간 마음을 놓으면
지옥이 찾아오고

순간순간 마음을 잡으면
완성에 도달할 것.

하늘의 도움이 없으면
이미 죽은 목숨이다.
더 이상 세상에
내놓을 것이 없다.

다시 일어나
길을 떠나야 한다.
그곳에 도달할 때까지
길을 걸어야 한다.

거기에서 하늘의 뜻을
이루어야 한다.
나를 보내신 목적을
이루어야 한다.

너희 가운데서 성령과 지혜가 충만하여 칭찬 듣는 사람 일곱
을 택하라. 우리 이 일을 그들에게 맡기고. Acts 6:3

36. 스데반(Stephen)

날마다 죽어야 한다.
죽어야 살 수 있고
잘 살아야
죽을 수 있다.

하여 날마다
칼날 위에서 살아야 한다.
항상 마음을 살펴
정도를 걸어야 한다.

한눈을 팔면
천길 나락으로 떨어지고
헛된 생각에 빠지면
삶이 동강 난다.

어차피 한 번은 죽어야 하는 것.
매일 죽고
매일 살면
영원히 사는 것이다.

욕망에 빠져서
진리의 길을 저버리면

남아있는 삶을
어떻게 살겠는가?

천만번 후회하며
연명하는 삶보다
한 번 잘 죽어서
하늘을 얻는다면

세상을 버리고
목숨까지 버린 자는
영원을 선물로 얻을 것이니
그렇게 가야 한다.

비굴하게 살지 말고
비참하게 기지 말고
한 번을 살더라도
가슴을 펴야 한다.

스데반이 은혜와 권능이 충만하여 큰 기사와 표적을 민간에
행하니. Acts 6:8

37. 천사의 얼굴

이미 죽은 자는
다시 죽을 필요가 없다.
죽음이 더 이상
위협이 되지 않는다.

이미 깨달은 자는
더 이상 깨달을 것이 없다.
목숨을 주고
바꿀 만한 것이 없다.

이미 버린 자는
더 이상 버릴 것이 없다.
세상의 것에
연연하지 않는다.

부족함도 없고
바램도 없으니
무엇에 더
미련이 있겠는가?

다 이룬 자는
하늘로 가야 한다.

그것밖에
남은 것이 없다.

하늘에서 나를 부르니
기쁨으로 나아간다.
육신의 허물을 벗고
자유를 얻는 시간.

나를 보고 울지 말라.
더 이상 슬퍼하지 말라.
이것을 위해
지금까지 살아온 것이니

영광의 찬송을 부르라.
나를 위해 기도하지 말고
너희 자신과
세상을 위해 기도하라.

공회 중에 앉은 사람들이 다 스데반을 주목하여 보니 그 얼굴
이 천사의 얼굴과 같더라. Acts 6:15

38. 영광의 하나님

그가 그곳에서
나에게 나타나셨다.
아무것도 없는 절망의 땅에
희망 하나를 심으셨다.

나는 그때부터
삶의 목표가 생겨났다.
잘 살아야 했다.
잘 마쳐야 했다.

그것이
그의 은혜였다.
삶의 의미를 주고
살아갈 이유를 주는 것.

숨겨진 진리를 캐어내고
박제된 생명을 살려내어
하늘의 숨을
불어넣는 것.

그것을 위해
나를 부르셨다면

내게 주어진 세상은
한번 살아볼 만한 것이다.

고뇌 없는 삶이란
얼마나 밋밋한 것이며
도전 없는 삶이란
얼마나 지루한 것인가?

그렇게 해서
나의 역사는 시작되었다.
벼락같은 부르심의 소리.
그것이 나의 구원이었다.

이것이라도 없었다면
삶이란 그 자체로 지옥일 것.
따로 지옥에 보낼 필요도 없고
더 이상 죽일 필요도 없는 것이다.

우리 조상 아브라함이 하란에 있기 전 메소보다미아에 있을
때에 영광의 하나님이 그에게 보여. Acts 7:2

39. 떠나라

떠나야 한다.
버려야 한다.
나를 붙잡지 말라.
내 영혼을 죽이지 말라.

이제 이곳에서는
더 이상 내가
할 것이 없다.
나에게 남겨진 일이 없다.

할 일이 없다는 것이
얼마나 고통인 것인지,
그대는 알기나 하는가?
그것은 지옥의 연속이다.

날마다 떠나야 한다.
날마다 버려야 한다.
하루라도 쉬어버리면
모두 쉬어 버리게 되니

그때 유혹이 찾아온다.
편안하다 하고

안락하다 할 그때에
슬그머니 어둠이 내려온다.

그러하니 내가 어찌
고난의 광야를 버릴 수 있겠는가?
그곳이 내가 살아갈 집이요
그것이 내가 걸어야 할 길이다.

아, 영광의 나라가 보인다.
거기에서 그가
나를 부르신다.
그가 기다리신다.

보지 못하고는
걸을 수가 없고
걷지 않고는
도달할 수가 없다.

이르시되 네 고향과 친척을 떠나 내가 네게 보일 땅으로 가라.
Acts 7:3

40. 마음과 귀

하늘을 바라보며
마음을 열어야 한다.
그 거울에 나를 비춰
영혼을 씻어야 한다.

세상 것으로 가득 차면
진리가 들어갈
방이 없다.
거기에서 떨고 있다.

무거운 빗장을 걸면
문을 열 수가 없다.
닫힌 문 앞에서
숨이 막힌다.

귀를 기울여야 한다.
선입견을 버리고
단단한 마음을 깨뜨려
하늘처럼 되어야 한다.

자만을 떨쳐내고
교만을 버려야 한다.

같이 울고 같이 웃는
그 마음을 가져야 한다.

진리의 소리를
들어야 한다.
오늘도 떨어져 내리는
수많은 은혜의 소리들.

그 진리의 단편들을
항아리에 담아야 한다.
뚜껑을 열고
생수를 채워야 한다.

진리의 소리를 들어야 한다.
듣지 못하면 깨달을 수가 없고
깨닫지 못하면 알 수가 없으니
오직 그와 하나가 되어야 한다.

목이 곧고 마음과 귀에 할례를 받지 못한 사람들아. 너희도 너
희 조상과 같이 항상 성령을 거스르는도다. Acts 7:51

41. 순교자

매일 죽어야 한다.
제 십자가를 지고
날마다 그의 길을
걸어야 한다.

그렇게 걷지 않으면
욕망의 죄 속에서
불구덩이에 던져지리니
돌을 들어 칠 필요도 없다.

매일 돌에
맞아 죽어야 한다.
매일 죽지 못하는데
마지막에 죽을 수 있겠는가?

어차피 한 번은
죽어야 하는 법.
완성을 향하여
가는 것이다.

내가 죽으니
너희도 죽으라 하셨으니

악에 굴하지 않고
웃음으로 마쳐야 한다.

길은 걸어야
길인 것이고
삶은 죽어야
삶인 것이니

영광이여,
나에게 오라.
나 거기에서
너를 맞이하리라.

그가 건질 것이고
그가 인도할 것이니
삶에 연연하지 않고
죽음을 맞이하리라.

그들이 돌로 스데반을 치니 스데반이 부르짖어 이르되 주 예
수여 내 영혼을 받으시옵소서! Acts 7:59

42. 마술사

이상한 일을 행해야 한다.
그저 그렇고 그런
일상의 일을 가지고는
아무런 역사도 일으킬 수가 없다.

신비한 무언가가
일어나야 한다.
사람들은 자기가 알지 못하는 일에
쉽게 빠지게 되는 것.

죽은 자가 일어나야 하고
병든 자가 고쳐져야 하며
흰 이빨이 변하여
누런 이빨이 되어야 한다.

그래도 하얀 것보다는
누런 것이 더 좋지 않겠는가?
비록 빼어서 팔아먹지는 못하더라도
그렇게 변했다는 게 신기한 것이다.

눈앞에서 불빛이 번쩍거리고
뒤로 자빠져서 거품을 물어야 한다.

하늘도 삼층천까지는 갔다 와야 하고
죽었다가 살아나서 천국을 보아야 한다.

세상에서 사는 동안에는
무언가 손에 잡혀야 하고
버리고 낮아지는 일에는
관심을 버려야 한다.

그것이 나의 관심법이다.
무엇에 관심이 있는가?
그것을 살펴서
그것을 던져주는 것이다.

진리가 밥을 먹여 준다고 하더냐?
그것을 깨달으면 기적이 일어나고
놀라운 일을 일으키는
큰 자가 된다고 하더냐?

그 성에 시몬이라 하는 사람이 전부터 있어 마술을 행하여 사
마리아 백성을 놀라게 하며 자칭 큰 자라 하니. Acts 8:9

43. 광야의 길

바로 지금이다.
자리에서 일어나
광야의 길로 나가야 한다.
소리를 따라 일어나야 한다.

아무것도 알지 못해도
그저 길을 걷다 보면
거기에서 역사가
일어나는 것이다.

얼마나 멋진 일인가?
자리에서 비비적대며
똥을 만드는 것보다는
전혀 다른 차원의 삶이다.

그렇게 해서
모든 역사는 일어났고
황막한 또 다른 광야에
새로운 길이 생겨난다.

그러기 위해서
소리를 들어야 한다.

그것을 위해서
길을 걸어야 한다.

아무도 없는 길을 걷다보면
온갖 소리가 들려온다.
마음과 하늘의 소리.
자연과 생명의 소리.

듣는 자는
살아날 것이고
살아나는 자는
길을 걸을 것이다.

하여 오늘도 나는
소리를 따라 길을 걷는다.
만들어서 길을 걷고
걸어서 길을 만든다.

주의 사자가 빌립에게 말하여 이르되 일어나서 남쪽으로 향하
여 예루살렘에서 가사로 내려가는 길까지 가라 하니 그 길은
광야라. Acts 8:26

44. 하늘의 빛

모든 역사는
길을 가다가 일어난다.
가만히 앉아서는
아무것도 일어나지 않는다.

진리를 찾는 자는
일어나 길을 걷는다.
열심을 가진 자는
무언가를 만나게 된다.

목숨을 바치든지
미움이 가득하든지
차라리 없는 것보다는 그것이 낫다.
그것은 아직 열정이 있다는 것이다.

그것은 나를 찾는
하늘의 부르심이었다.
그렇게 살아서는 안 되었다.
무언가 의미 있는 일을 해야 했다.

그것이 나의 일생이었다.
역사의 광야에서

하늘의 빛을 만나는 것.
그렇게 길을 열어야 했다.

길이 되어야 한다.
아무도 가지 않는
그 길을 걸어
뜻을 이루어야 한다.

그것이 나의 은혜였다.
아무나 받는 것이 아닌
오직 선택된 자만이 받는
그것을 기꺼이 선택한 자만…

이제 시작이다.
이렇게 일생을 걸어
마지막 순간에
도달하는 것이다.

사울이 길을 가다가 다메섹에 가까이 이르더니 홀연히 하늘로
부터 빛이 그를 둘러 비추는지라. Acts 9:3

45. 아나니아(Ananias)

그 옆에 내가 있다.
아무도 없는 곳에
아무도 가지 않는 곳에
내가 간다.

그에게는 내가 필요하다.
내가 그곳에 있어야 한다.
그를 일으켜야 한다.
그를 인도해야 한다.

그래도 내가 조금 먼저
하늘을 보았다.
진리를 찾아
여기까지 왔다.

할 수 있는 만큼 하는 것이다.
나머지는 하늘이
알아서 하시겠지.
그것이 나의 전부이다.

무엇을 바라고 하는 것이 아니다.
그저 내가 살아있으니

내가 좋아서
하는 것이다.

그러다가 문득 언젠가
그런 사람이 있었다는 것.
그 때문에 삶의 방향을 잡았다는 것.
그것 하나면 되는 것이다.

그것이 내가 여기에서 살아가는 이유이고
그것이 내가 거기에 있었던 의미이다.
그도 좋고
나도 좋은 것.

하여 나는 너에게 감사를 드린다.
네가 내 옆에 있어서
나도 길을 걸어
여기에 오게 되는 것이다.

그 때에 다메섹에 아나니아라 하는 제자가 있더니 주께서 환
상 중에 불러 이르시되 아나니아야 하시거늘 대답하되 주여
내가 여기 있나이다. Acts 9:10

46. 나의 그릇

당신의 그릇에
나를 담으소서!
내가 거기에
있기를 원합니다.

당신의 생수를 담아
사람들에게 나누어
그들도 삶의 용기를 얻고
웃음을 지을 수 있다면…

세상을 살아가는
수많은 소원이 있지만
무엇이 당신의 뜻인지,
나는 알 수가 없습니다.

당신과 함께하여
길을 걷는 것.
단지 그것만이
나의 소원입니다.

아직 나에게는
소원이 남아있습니다.

살아있어 길을 걸어야 하는
생명의 숨이 있습니다.

당신의 숨결이 내게 불어와
나의 숨이 시작되었고
나는 한줄기 타오르는
촛불이 되었습니다.

가겠습니다.
길을 걷겠습니다.
당신이 부르시는 대로
당신 이끄시는 대로

그렇게 길을 걷다가
당신의 품으로 돌아가
마지막 노래를 부르겠습니다.
영원의 숨을 쉬겠습니다.

주께서 이르시되 가라, 이 사람은 내 이름을 이방인과 임금들
과 이스라엘 자손들에게 전하기 위하여 택한 나의 그릇이라.
Acts 9:15

47. 눈의 비늘

무엇을 위하여
남은 시간을 살아야 하는가?
앞이 보이지 않는다.
아무런 재미가 없다.

날마다 솟아오르는
더러운 욕망의 그림자는
밑으로 밑으로
나를 끌어당기고 있다.

진흙탕에서 같이 살자고
무슨 성화스럽게
거룩한 길이냐,
헛소리 하지 말라면서

너는 그럴 그릇이 되지 않는다고
위태위태하게 걸어가는 그 길을
확 드러내어
거꾸러뜨려 버리겠다고

끝없는 갈증을 주면서
무엇으로도 채워지지 않는

터진 웅덩이처럼
허전함으로 가득 차게 하여

그렇게 간신이 버텨가는
쥐뿔같은 영성을 갉아먹으며
나를 나락으로 떨어뜨리고 있는데
눈은 비늘에 덮여 하늘이 보이지 않으니

어찌할거나?
어떻게 살아갈거나?
무엇이 나를 여기에서
구원할 수 있겠는가?

무언가 기적이 일어나야 한다.
차라리 더러운 목숨을 끊고
하늘로 돌아가는 것이 나을 것이거늘
그래서 이렇게 때때로 빛이 필요한 것이다.

즉시 사울의 눈에서 비늘 같은 것이 벗어져 다시 보게 된지라
일어나 세례를 받고. Acts 9:18

48. 바나바(Barnabas)

생명을 죽이는 사람이 있고
생명을 살려내어
하늘의 일꾼으로
키워내는 사람이 있다.

우리는 날마다
칼날 위에서 살아간다.
한 치만 잘못 내디디면
돌이킬 수가 없게 된다.

아무것도 알지 못하고
밤새 헛된 꿈을 꾸며
더러운 상상에 빠진다.
죄지을 궁리만 한다.

그것을 보아야 한다.
그 결말을 살펴
허물어져 내리는
종국을 보아야 한다.

결국 그것을 이겨내고
거기에서 승리하는 자가

생명의 면류관을
얻게 되는 것.

자랑스런 이름을 얻고
사람들이 흠모할 만한
아름다운 죽음을 맞이하며
하늘로 돌아가는 것이다.

승리와 패배는
종이 한 장 차이인 것.
자랑할 것도 없고
내세울 것도 없다.

다만 하늘의 은혜로
살아남을 때까지
그것을 지켜가야만 한다.
항상 마음을 다잡아야 한다.

바나바가 데리고 사도들에게 가서 그가 길에서 어떻게 주를
보았는지와 주께서 그에게 말씀하신 일과 다메섹에서 그가 어
떻게 예수의 이름으로 담대히 말했는지를 전하니라. Acts 9:27

49 애니아(Aeneas)

죽을 수가 없다.
죽어서는 안 된다.
어떻게든 살아
역사를 이루어야 한다.

이렇게 끝날 수는 없다.
무언가 결말을 지어야 한다.
가던 길을 마치고
그 앞에 서야 한다.

일어나야 한다.
자리를 정돈하고
다시금 진리를 찾아
길을 떠나야 한다.

그것을 위해
내가 세상에 왔고
그것을 이루려고
지금 숨을 쉬는 것.

더 이상
무엇이 남아있겠는가?

이제 나는
무엇을 해야 하는가?

쓸데없는 가지를 쳐야 한다.
한 가지만 해야 한다.
시간이 없다.
열정도 없다.

한 곳에
모아야 한다.
다른 곳을 쳐다볼
여력이 없다.

그 앞에 나아가야 한다.
마지막 씨름을 해야 한다.
나를 일으켜
불살라야 한다.

50. 다비다(Tabitha)

한순간 기도를 멈추면
죽음으로 들어간다.
돌이킬 수 없는 지옥이
기다리고 있다.

날마다 죽고
다시 태어나야 한다.
옛 사람을 불태워
새 것을 입어야 한다.

본능을 타고 들어오는
어둠의 그림자가 있다.
영성의 칼을 갈아
그것을 쳐내야 한다.

슬금슬금 담을 넘어
마음으로 들어온다.
한순간 마음을 놓으면
거기에 자리를 잡는다.

하늘로 들어가는
마지막 그날까지

마음을 놓고
잠에 빠질 수가 없다.

칼을 옆에 놓고
자리에 눕는다.
이렇게까지 하여
살아남아야 한다.

그래서 먼저 죽은 자가
복이 있는 모양이다.
날마다 마음을 열어
하늘의 음성을 듣는다.

다시 일어나라고
다시 칼을 갈라고
욕망의 잠에 빠지지 말라고,
하여 나는 이렇게 깨어 기도를 올린다.

베드로가 사람을 다 내보내고 무릎을 꿇고 기도하고 돌이켜
시체를 향하여 이르되 다비다야 일어나라 하니 그가 눈을 떠
베드로를 보고 일어나 앉는지라. Acts 9:40

51. 고넬료(Cornelius)

생명을 사랑한다.
아픔의 연민과
사랑의 동정으로
그들과 하나가 된다.

평화를 이루어간다.
보이는 평화가 아닌
진정한 함께함으로
그의 나라를 실현해간다.

억지로 만드는 것이 아닌
주어진 상황 속에서
최선을 다하여
하늘의 뜻을 이루어간다.

우린 거기까지 할 수 있다.
항상 부족하지만
그것에 만족하지 않고
끊임없이 길을 걸어간다.

그 길이 아니라면
무엇으로도 합리화시킬 수 없다.

어쩔 수 없다고
같이 공범이 될 수는 없다.

깊은 고뇌와
피 흘리는 투쟁 속에서
한 발자국씩
광야의 길을 걸어간다.

그것이 아니라면
지구의 산소를 갉아먹으며
붙어 연명하는 생명이
무슨 의미가 있겠는가?

다시 길을 걸어야 한다.
매일 지나온 길을 돌아보며
앞으로 나아갈 길을 위해
기도를 올려야 한다.

그가 경건하여 온 집안과 더불어 하나님을 경외하며 백성을
많이 구제하고 하나님께 항상 기도하더니. Acts 10:2

52. 잡아먹어라

잡아먹어라.
먹어야 한다.
잡아먹지 않으면
네가 먹힐 것이다.

죽일 수 있을 때 죽이라.
가벼운 동정으로
시혜를 베풀지 말라.
그것이 너의 올무가 될 것이다.

자를 때는
깔끔하게 자르라.
마음을 준다고
마음을 잃지 말라.

더럽다고 먹지 못하고
거리낀다고 먹지 못하면
세상에 먹을 것이
무엇이 있겠는가?

무엇이 깨끗한 것이고
무엇이 더러운 것인가?

다 너의 생각에서 온 것이거늘
하늘이 주신 것을 더럽다 하지 말라.

한 번 가지고는
믿을 수가 없으니
두 번씩 거듭해서
말할 수밖에 없다.

일할 수 있을 때 일하라.
마음을 놓지 말고
헛된 마음을 품지 말고
매일 마음의 칼을 갈라.

혼자 있지 말라.
너의 하늘이 보고 있고
너의 바람이 불고 있으니
항상 그것을 기억해야 한다.

또 두 번째 소리가 있으되 베드로야 일어나 잡아먹어라. Acts
10:13

53. 무두장이

한 겹 한 겹 옷을 벗는다.
나의 더러운 옷을 벗듯
그의 낡은 옷을 벗긴다.
세상에 거룩하지 않은 일이 없다.

다 그것으로
살아가는 것이거늘
천하고 낮은 것이
어디에 있겠는가?

무엇이든 혼을 실으면
그것이 하늘의 일이 된다.
하늘을 감동시키듯
정성을 다하면 된다.

그것이 없어
세상이 요지경이다.
편을 가르고 그 위에 올라
전쟁과 학대를 일삼는다.

그렇게 살면서
자기 배를 두드리며

어떻게 하늘 앞에 서서
죽음을 맞이하려는 것인가?

잠깐 살아가며
수많은 악을 행한다.
더 쌓을 곳이 없어
차고 넘쳐흐른다.

어디든지
나를 부르는 곳에
자리를 잡고 거하며
그곳에서 사는 것이다.

다시 눈을 뜨면
어디에서 깨어날 것인지?
훌훌 자리를 털고
하늘 앞에 선다.

사람을 욥바에 보내어 베드로라 하는 시몬을 청하라. 그가 바
닷가 무두장이 시몬의 집에 유숙하느니라. Acts 10:32

54. 화평의 복음

버려야 한다.
아무것도 가지지 않아야 한다.
가진 것을 지키려고 벌어지는
수많은 악행들.

날마다
길을 떠나야 한다.
언제 우리가
이런 것들을 가졌던가?

착각 속에서
무서운 죄를 짓는다.
내 것을 지켜야 되고
잃어버릴 수 없다는 것.

그가 모든 옷을 벗고
십자가에서 죽은 것은
바로 이 때문이 아닌가?
나를 따라오라는 것이다.

사람들은 그를 못에 박고
그 앞에 무릎을 꿇는다.

그를 숭배하며
그를 경배한다.

그것이 우상이 되어
그들을 옭아맨다.
그 속에서
죽어간다.

하루를 살아도
올바로 살아야 한다.
진리로 자유를 누리며
짐승의 우리에서 벗어나야 한다.

이것만 안다면
그렇게 살지는 않을 것.
자기 자리에 앉아서
평화의 기도를 드릴 것이다.

만유의 주 되신 예수 그리스도로 말미암아 화평의 복음을 전
하사 이스라엘 자손들에게 보내신 말씀. Acts 10:36

55. 성령과 능력

감당할 수 없다.
그런 것에 마음을 쓰며
번민할 수 없다.
여기에서 벗어나야 한다.

버려야 한다.
광야의 길을 걸어야 한다.
매일 자리에 앉아
자신을 돌아봐야 한다.

제각기 걸어갈
자기의 길이 있다.
그는 그의 길이 있고
나는 나의 길이 있다.

어차피 혼자 걸어가는 것.
잠깐 손을 잡고 걸으면
마음에는 위안이 되겠지.
고뇌를 잊을 수 있겠지.

그러나 그것이
무슨 의미가 있는 것인가?

그렇게 길을 걸어서
무엇을 하겠다는 것인가?

저절로 주어지는 것은 없다.
모두 자기가 선택하는 것이고
자기가 원하는
길을 가는 것이다.

한 발자국씩
조심스럽게 발을 옮기며
하루의 역사를 남긴다.
생각의 일기를 쓴다.

성령이 아니라면
어떤 능력도 없다.
그저 그렇게 또 하루를
연명하는 것이다.

하나님이 나사렛 예수에게 성령과 능력을 기름붓듯 하셨으매
그가 두루다니시며 선한 일을 행하시고 마귀에게 눌린 모든
사람을 고치셨으니 이는 하나님이 함께 하셨음이라. Acts 10:38

56. 생명 얻는 회개

날마다 마음을 돌이켜야 한다.
날마다 자신을 돌아봐야 한다.
회개의 자리에 앉아
재를 뒤집어써야 한다.

그만 무덤이 되지 말고
헛된 상상을 멈춰야 한다.
생각으로 죄를 지으면
행동으로 옮기게 된다.

하여 삶을 바꿔야 한다.
살아갈 이유를 정해야 한다.
얻기 위해서 사는 것이 아닌
버리기 위해서 살아야 한다.

이것을 알지 못하면
평생을 걸어도
제자리를 벗어나지 못한다.
거기에서 죽어가는 것이다.

광야의 길을 걸어
수행의 자리에 앉지 않으면

일생을 살아가는 것이
무슨 의미가 있겠는가?

천사의 말을 하고
순례의 노래를 부르며
자기의 몸을 불사름으로
무엇을 남기게 되는 것인가?

그것을 기록하는 것이다.
그것이 나의 삶이다.
날마다 자신을 돌아보며
회개의 자리에 앉는 것이다.

그 한 가지 만으로 우리는
구원을 얻게 될 것이다.
순교의 피를 흘리며
승리의 길을 걸어갈 것이다.

그들이 이 말을 듣고 잠잠하여 하나님께 영광을 돌려 이르되
그러면 하나님께서 이방인게도 생명 얻는 회개를 주셨도다.
Acts 11:18

57. 굳건한 마음

마음에 놓아야 한다.
그의 길을
생각해야 한다.
지금 무엇을 하고 있는가?

언제나 진리에
가까이 있어야 한다.
잡새가 둥지를 틀지 못하도록
가지를 잘라내야 한다.

그렇게 해보았자
별 것도 아니다.
다 헛되고
헛된 것이다.

무슨 큰일처럼
생각이 될 것이고
별스런 재미가 있을 것으로
설레고 들뜨게 될 것이지만

그러나 철저하게
세상에 절망해야 한다.

다시는 일어서지
못하게 해야 한다.

지는 해를 일으켜서
무엇을 하겠다는 것인가?
그렇게 어디에서
살겠다는 것인가?

제멋대로 살게 해야 한다.
그들도 자기의 삶을 살아야 한다.
네가 살아줄 수 없는 것이고
다 너의 뜻대로 할 수가 없다.

그러니 너는 여기에서
하늘과 함께 머물러야 한다.
너의 있을 자리를 찾아
날마다 길을 걸어야 한다.

그가 이르러 하나님의 은혜를 보고 기뻐하여 모든 사람에게
굳건한 마음으로 주와 함께 머물러 있으라 권하니. Acts 11:23

58. 그리스도인

그들이 거기에 있었다.
그리하여 세상에
하늘 사랑이 시작되었고
사람들은 자기를 버릴 수 있었다.

어떤 두려움에도 굴하지 않고
진리를 따르는 사람들이 있었다.
그들로 인해 세상은
조금씩 밝아지기 시작했다.

그들은 어디에도
무릎을 꿇지 않았다.
목에 칼을 겨눔으로
그들을 위협할 수 없었다.

그들은 자신의 신념과
하늘에 대한 믿음에
그들의 삶을 걸었다.
그것이 그들의 희망이었다.

그들은 하늘 앞에
겸손히 머리를 숙였다.

자신을 알기에
자신을 바라볼 수 있었다.

전쟁과 압제를 거부하는
평화의 사람들.
그들에 의하여
그의 나라는 이루어져갔다.

그들의 스승이
걸어가신 길을 걸으며
자기의 십자가를 지고
생명의 길을 걸었다.

그들로 인해
세상의 구원이 진행되었고
어둠과 무지를 밝히는
진리의 빛이 비쳐왔다.

만나매 안디옥에 데리고 와서 둘이 교회에 일 년간 모여 있어
큰 무리를 가르쳤고 제자들이 안디옥에서 비로소 그리스도인
이라 일컬음을 받게 되었더라. Acts 11:26

59. 간절히

기도의 시간은
나를 내려놓고
하늘의 도움을
구하는 시간이다.

강한 것 같지만
참 약한 것이 인간이다.
다 할 수 있을 것 같지만
지극히 작은 것만 할 수 있을 뿐.

다만 우리는
최선을 다할 뿐이다.
할 수 있는데까지 하는 것이고
나머지는 하늘에 맡기는 것이다.

어떻든 생각대로
되는 것은 아니다.
무수한 변수가 있다.
어떻게 상황이 바뀔지는 아무도 모른다.

거기에 희망이 있다.
기다리고 기다리면

때로 닫혔던 문이 열리고
전혀 다른 상황이 전개된다.

그러니 우리는 다만
마음을 열고
하늘에 맡기며
기도하는 것일 뿐이다.

기도한다는 것은
아직 희망을 가졌다는 것이고
아직 하늘의 도움을
기다린다는 것이다.

모든 것을 가진 자는
계속되기를 바랄 것이고
가진 것이 없는 자들은
새로운 역사를 바랄 것이다.

이에 베드로는 옥에 갇혔고 교회는 그를 위하여 간절히 하나
님께 기도하더라. Acts 12:5

60. 신을 신으라

이제 출발할 때가 되었다.
그만큼 쉬었으면 되었다.
너무 쉬면
못 먹게 된다.

그만 일어나야 한다.
때를 얻든지 못 얻든지
우리의 일을 하면 된다.
나머지는 하늘이 하시는 것.

다 할 수 없고
다 마칠 수 없다.
그저 최선을 다해서
마음을 주면 된다.

마음을 주되
거저 주어야 한다.
마음을 준다고
보상을 기대하지 말라.

그것은
마음을 주는 것이 아니고

받을 생각을 주는 것이니
사랑이라고 할 수가 없다.

삯을 받는 것은
당연히 삯군이지만
마음을 받는 것은
사랑의 보답이다.

지금 너는
무엇을 받고 싶은가?
지금 나에게
너의 마음을 달라.

일어나라.
그의 나라로 가자.
언제나 하늘의 은혜가 내려오고
사랑의 바람이 불어오는 곳.

천사가 이르되 띠를 띠고 신을 신으라 하거늘 베드로가 그대
로 하니 천사가 또 이르되 겉옷을 입고 따라오라 한대. Acts 12:8

61. 신의 소리

네가 세상의 구원자가 아니다.
자만에 빠지지 않아야 한다.
다 할 수 없는 것이고
다 마칠 수도 없다.

다 보여주어서는 안 된다.
진정한 실력자는 다 보여주지 않는다.
할 수 있는 만큼
거기까지 하는 것이다.

사랑의 불을 붙여
꽃을 피우고
절제의 열매를 맺어
하늘에 드려야 한다.

죽음을 준비해야 한다.
모든 것이 하늘의 은혜이다.
조용히 물러가는 것이다.
추한 꼴을 보이지 않아야 한다.

가진 것을 물려주려고
욕망의 숨을 헐떡이며

자기 이름을 내어
바벨탑을 쌓는 자들.

지혜로운 자는
때를 알고 정리한 후
자기의 하늘로 돌아간다.
얼마나 영광스러운 것인가?

세상과 한데 섞이지 않고
자기의 자리를 가려
앉을 자리에 앉고
설 자리에 선다.

이제 때가 되었다.
가장 큰 깨달음을 얻었으니
그것을 지켜
완성을 이루는 것이다.

백성들이 크게 부르되 이것은 신의 소리요 사람의 소리가 아
니라 하거늘. Acts 12:22

62. 바예수(Bar-Jesus)

생각이 너무 많다.
말이 너무 많다.
그만 멈추어야 한다.
그것은 믿음이 아니다.

다 할 수가 없다.
절제가 필요하다.
할 수 있는데까지 하고
나머지는 하늘에 맡기는 것이다.

모든 것을 내려놓고
너무 잘하려는 마음도 버리고
무에 잠기는 것이다.
그것이 진정한 겸손일 것.

거기까지 마치고 잠이 들면
새날이 시작될 것이니
오늘은 오늘 할 일이 있고
내일은 내일 할 일이 있다.

모든 것이 감사이며
모든 것이 은혜이다.

더 이상 할 것도 없고
더 이상 미련도 없다.

이제 더 이상
무엇이 남아있겠는가?
그만 죄짓기를
멈추어야 한다.

희망도 내려놓고
사랑도 멈춘다.
무심을 품으며
모든 것을 맡긴다.

때가 되었다.
욕망의 숨을 멈추고
온전히 나를
버려야 한다.

온 섬 가운데로 지나서 바보에 이르러 바예수라 하는 유대인
거짓 선자자인 마술사를 만나니. Acts 13:6

63. 안개와 어둠

하늘에 보석이 뿌려져있다.
발 디딜 틈이 없다.
마지막 숨을 태우고
무로 돌아간다.

자기 자리에서 빛을 발하며
자기만의 노래를 부른다.
멈출 수 없는 노래.
다함이 없는 노래.

저렇게 살다가 스러져야 한다.
아무것도 남기지 않고
삶의 완성을 향해
길을 걸어야 한다.

거기까지 마치고
하늘로 돌아가면 된다.
더 이상 할 것도 없고
조금도 남길 것이 없다.

그때는 침묵의 육체였지만
지금은 노래하는 영혼이다.

그때는 외로운 영혼이었지만
지금은 충만한 생명이다.

마지막을 달려가는 지금
주어진 삶을 정리한다.
조용히 마지막 준비를 하며
빛을 발하는 것이다.

다 하고 싶어도
하지 않을 것이 있고
다 할 수 있지만
하지 않는 것이 있다.

그의 사랑으로
일체가 하나 되는 진리.
마지막 완성의 시간에
귀환의 기도를 올린다.

보라 이제 주의 손이 네 위에 있으니 네가 맹인이 되어 얼마 동
안 해를 보지 못하리라 하니 즉시 안개와 어둠이 그를 덮어 인
도할 사람을 두루 구하는지라. Acts 13:11

64. 마음에 맞는 사람

창백한 거룩이 아니라
고뇌하는 생명의 사람.
내가 바라보는
하늘의 삶이다.

자기의 자리에서
굴하지 않고
생명의 노래를
부르는 사람.

앞을 바라보며
길을 걸어간다.
자신의 뜻은 이미
하늘에 맡겼다.

무엇이 선인가,
그것이 문제가 아니다.
무엇이 생명인가,
이것을 찾아간다.

그가 인도하실 것이고
그가 지키실 것이다.

다만 그를 바라보는 것.
그것을 잊지 않아야 한다.

마음을 주어야
마음을 받을 수 있다.
마음을 주지 않고
무엇을 받으려 하는가?

다만 마음을 주더라도
마음을 잃으면 안 된다.
받을 마음이라면
주지 않는 것이 나을 것.

그저 사심 없이
무심을 유지하며
주어진 길을
걸어가는 것이다.

다윗을 왕으로 세우시고 증언하여 이르시되 내가 이새의 아들
다윗을 만나니 내 마음에 맞는 사람이라 내 뜻을 다 이루리라
하시더니 Acts 13:22

65. 나를 누구로 생각하느냐

너를 알지 못하고
나를 알겠느냐?
너를 바라보지 않고
나를 바라보겠느냐?

나는 다만
그의 도구일 뿐이고
그가 쓰시면
되는 것이다.

더 이상도 아니고
더 이하도 아니다.
더 이상은 자만이요
더 이하는 자학이다.

그의 발밑에서
나의 신발을 푼다.
그가 가실 길을
곧게 닦는다.

그의 말을 따라
나를 되새기며

그의 말이 울리도록
조용히 준비한다.

그가 살아야
내가 사는 것이고
내가 잘 살아야
그가 드러나는 것.

그와 나는 하나이고
그 안에 내가 있어
나는 그를 통해
하늘의 길을 걷는다.

나의 길을 잘 달려
삶의 마지막에 이르면
그와 하나가 되어
영원에 들어갈 것.

요한이 그 달려갈 길을 마칠 때에 말하되 너희가 나를 누구
로 생각하느냐? 나는 그리스도가 아니라 내 뒤에 오시는 이가
있으니 나는 그 발의 신발 끈을 풀기도 감당치 못하리라. Acts
13:25

66. 그의 증인

그의 역사를 보아야 한다.
그의 소리를 들어야 한다.
보지 않으면 없어지고
듣지 않으면 사라지니

그와 함께 있었던
진실을 알려야 한다.
더함도 없고
잊음도 없다.

어디에 있느냐,
그것이 문제이다.
그와 함께하지 않으면
다만 변명에 불과할 것.

그가 있는 곳에
나도 있고
그가 가는 곳에
나도 간다.

그렇게 한평생 살다가
그의 곁으로 돌아가면

그의 품안에서
안식을 누리게 될 것.

그것이면 된다.
그것이 나의 목표이다.
소유가 아니고
버림이다.

아, 나를 가져가 달라.
나의 모든 것.
욕망도 거기에 놓고
희망도 내려놓는다.

그저 그와 함께 머물러
웃음 한줄기,
그것을 마음에
놓는 것이다.

갈릴리로부터 예루살렘에 함께 올라간 사람들에게 여러 날 보
이셨으니 그들이 이제 백성 앞에서 그의 증인이라. Acts 13:31

3 장

말씀에 붙잡혀

67. 이방의 빛

지금 여기는
살을 에이는
그런 바람이 부는 것은 아니지만
은근히 뼛속이 시려온다.

새벽에 일어나는 것이
그토록 어렵다.
조금만 게으르면
삶이 무력해진다.

자리를 차고 일어나
자신을 갈고 닦지 않으면
가시덤불이 차오르고
어둠이 스며든다.

이렇게 추우니
다른 사람들을 생각한다.
이토록 뼛속이 시리는 데
그들은 어떻게 살아갈까?

불기 없는 방에서는
내가 불을 지펴야 한다.

내가 불이 되어야
마음이 녹게 된다.

그래서 여기 사람들은
뜨거운 차를 홀홀 불어
그렇게 위장을
덥히는가 보다.

나도 물을 끓여
내 몸을 덥힌다.
날마다 덥히지 않으면
삶에 회한이 찾아온다.

나는 여기에서
무엇을 하고 있는가?
자신을 통찰하지 않으면
욕망에 먹히게 될 것이다.

주께서 이같이 우리에게 명하시되 내가 너를 이방의 빛으로
삼아 너로 땅 끝까지 구원하게 하리라. Acts 13:47

68. 발의 티끌

티끌을 붙이고 사는 것도
자기의 선택이다.
그것도 조금은
재미가 있겠지.

이상을 거부하며
현실의 진흙탕에서
숨을 쉬는 것도
자기의 권리이다.

어떻게든 살다가
삶을 마칠 것이지만
나는 그들에게
하늘을 보여주고 싶다.

내가 본 하늘은
높고 푸르고
끝이 없는
깊이를 가진다.

그것도
나의 욕심이고

헛된 자만인 것인가?
나만 그렇게 사는 것인가?

하여 오늘도 나는
마음의 티끌을 털고
발의 먼지를 씻는다.
다시 길을 떠난다.

거기까지
가는 것이다.
할 수 있는 만큼
그만큼만 하는 것이다.

그리고 다시
길을 걸어간다.
갈 수 있는 만큼
그만큼만 가는 것이다.

두 사람이 그들을 향하여 발의 티끌을 떨어 버리고 Acts 13:51

69. 네 발로 일어서라

어차피 홀로
걸어가는 것이다.
누가 너의 길을
걸어 주겠는가?

어차피 혼자
살아가는 것이다.
누가 너의 삶을
살아 주겠는가?

자기의 삶은
자기가 사는 것이고
자기의 길은
자기가 걷는 것이다.

어차피 혼자
숨을 쉬는 것이다.
누가 너의 숨을
쉬어 주겠는가?

그리고 어차피
혼자 죽는 것이다.

누가 너의 죽음을
죽어 주겠는가?

자기의 숨은
자기가 쉬는 것이고
자기의 죽음은
자기가 마치는 것.

억울해 할 것도 없다.
씩씩 거리며
남아있는 가쁜 숨을
몰아쉴 필요도 없다.

하늘을 바라보고 한탄하며
길게 후회할 필요도 없다.
마침내 마지막에 이르러
자기의 삶을 마치는 것이니…

큰 소리로 이르되 네 발로 바로 일어서라 하니 그 사람이 얼어
나 걷는지라. Acts 14:10

70. 사람의 형상

자기의 신성을
밖에서 찾는다.
거기에 있는 것으로
생각을 한다.

그러나 거룩한 신성은
자기 안에 있다.
거기에서
빛이 나온다.

자기가 거기에서
나오지 않았는가?
언제부터 자기가
거기에 있었는가?

지금 어디에서
자기의 신을 찾는가?
세상을 샅샅이 헤매고
지구의 끝까지 이르러도

거기에선 아무것도
찾을 수가 없을 것.

그저 바람이 불고
침묵만 있을 것이다.

우리의 형상은
거기에서 찾는 것이 아니다.
올바른 방향을 찾아
길을 걸어야 한다.

목표가 잘못되면
더 열심히 길을 벗어나
더 빨리 지옥으로
달려가게 된다.

빠르다고
좋은 것도 아니고
잘 된다고
신나는 것도 아니다.

무리가 바울이 한 일을 보고 루가오니아 방언으로 소리 질러
이르되 신들이 사람의 형상으로 우리 가운데 내려오셨다. Acts
14:11

71. 살아계신 하나님

그는 바람이다.
역사의 한가운데에서
죽은 생명을 일으키시어
그의 나라를 시작하신다.

그는 새벽이다.
고난의 역사 속에서
민중의 손을 굳게 잡고
혁명의 길을 열어 가신다.

그는 희망이다.
아무것도 없는 곳에서
바랄 수 없는 기도를 드리며
누구도 그를 멈추게 할 수 없다.

그는 사랑이다.
마음을 주고
육신을 내어 줌으로
날마다 새로운 역사가 일어난다.

그는 믿음이다.
진리와 사랑의 역사.

우리는 이것을 믿는다.
이것이 우리의 믿음이다.

죽은 자가 살아나고
병든 자가 일어나며
눈먼 자가 보게 되고
닫힌 귀가 열려지리니

모두가 죽어 있고
현재만 계속된다면
무슨 희망이 남아있으며
살아가는 것이 무슨 의미인가?

그리하여 그는
이렇게 살아계셔서
오늘도 십자가에 달리시고
다시 일어나시는 것이다.

여러분에게 복음을 전하는 것은 이런 헛된 일을 버리고 살아
계신 하나님께로 돌아오게 함이라. Acts 14:15

72. 많은 환난

많이 아파야 한다.
아직 자신이 있다면
그 앞에 나오지 않고
또 다른 길을 걸어갈 것.

많이 당해야 한다.
당하고 또 당해서
남은 것이 없이
무너져야 한다.

많이 죽어야 한다.
매일 죽고 또 죽어도
남아있는 이 더러운
욕망의 찌꺼기들.

나에게서
이 모든 것을 가져가 달라.
붙잡고 있는
희망도 버리고

남은 한 조각의
믿음까지 버려

마지막 절망을
넘어서야 한다.

그래서 더 이상
죽을 것이 없고
아플 것이 없는 그때,
그와 하나가 될 것이다.

연단 없는
정금이 있었으며
훈련 없는
제자가 있었던가?

이것이 바로
내가 광야에 홀로 서서
순례의 길을 걸어가는
한 가지 이유인 것이다.

제자들의 마음을 굳게 하여 이 믿음에 머물러 있으라 권하고
또 우리가 하나님의 나라에 들어가려면 많은 환난을 겪어야
할 것이라. Acts 14:22

73. 믿음의 문

그가 열면
닫을 자가 없고
그가 닫으면
열자가 없다.

네가 하는 것이 아니다.
마음대로 해라.
네가 한다면
그는 하지 않으신다.

그가 여셔야 한다.
그와 함께해야 한다.
겸손히 무릎을 꿇고
그의 때를 기다려야 한다.

그보다
앞서지 말라.
너의 힘을
자랑하지 말라.

메뚜기도
한철이고

하루살이에게는
하루가 영원일 것.

그의 역사를 보라.
너는 다만
그의 역사를 보고 듣는
하나의 증인일 뿐.

그 외에
다른 것은 하지 말라.
그를 웃기지 말라.
그를 감동시키라.

이보다 더 할 수는 없다고
모든 최선을 다했다고
그의 눈에서
눈물이 흐르게 하라.

그들이 이르러 교회를 모아 하나님이 함께 행하신 모든 일과
이방인들에게 믿음의 문을 여신 것을 보고하고. Acts 14:27

74. 차별

틀림은 없고
다름만 있다.
네가 선과 악의
판단자인가?

다름만 있고
우열은 없다.
그렇게 세상의 줄을 세워
그들을 지배하고 싶은가?

그래, 그렇게 해서
무엇을 하겠다는 것인가?
그 무서운 악의 짐을
네가 담당하겠는가?

그냥,
그들을 바라보며
인정하고
긍정하는 것이다.

그렇게 사는 것이다.
하루를 천년처럼

가장 낮은 자리에서
생명을 경외하는 것이다.

그 외에는 어떤 것도
금도를 넘는 것이고
선악과를 범해서
저주를 받는 것이다.

이제 거기에서 벗어나
하늘에 올라야 한다.
모든 것을 버리고
구원에 이르는 것이다.

언제까지 그 속에서
죄를 짓겠는가?
이리로 올라오라.
나와 함께 하늘을 거닐자.

민음으로 그들의 마음을 깨끗이 하사 그들이나 우리나 차별하
지 아니하셨느니라. Acts 15:9

75. 멍에

세상의 멍에를 벗는다.
산다는 것은
굴레를 쓰는 것이니
자유를 기다린다.

길을 간다는 것은
일상의 멍에를 벗고
그 속에 있는
진리를 찾는 것이다.

그를 따라
길을 걷는다.
오늘도 내가
걸어야 할 길.

길이 있다는 것은
멋진 일이다.
아무도 걷지 않는 길을
하염없이 걸어간다는 것.

내 앞에 길이 있다.
그를 따라 끝까지

세상에 굴하지 않고
저항의 머리를 든다.

아무도 나를
결박할 수 없다.
오직 그의 사랑으로
그의 포로가 된다.

그대,
이런 사랑을 해보았는가?
오늘 죽어도 좋을
영원의 사랑.

나는 오늘도
그를 따라 옷을 벗는다.
세상의 멍에를 벗고
그의 멍에를 멘다.

그런데 지금 너희가 어찌하여 하나님을 시험하여 우리 조상과
우리도 능히 메지 못하던 멍에를 제자의 목에 두려느냐? Acts
15:10

76. 갈라섬

때가 되었다.
이제 각자의 길을 가자.
너에게는 너의 길이 있고
나에게는 나의 길이 있다.

언제나 함께 가면
그것도 좋겠지만
끝까지 가지 않아도
관계가 없다.

싸우면서 가느니
자유롭고 신나게
홀로 가는 것도
좋지 않겠는가?

때가 되면
헤어져야 한다.
같이 진흙탕에서
죽을 수는 없지 않은가?

결혼이 있으면
해혼도 있는 것이고

만날 때가 있으면
헤어질 때가 있다.

그 때를 알고
마음 상하지 않게
서로를 축복하며
기분 좋게 보내야 한다.

언제까지 끌어안고
이를 갈며 미워하느니
차라리 조금 멀리 떨어져
하늘의 뜻을 이루어가는 것이다.

너도 그 안에 있고
나도 그 안에 있으며
우리 모두가 하늘 안에서
생명의 길을 걸어가는 것이니…

서로 심히 다투어 피차 갈라서니 바나바는 마가를 데리고 배
타고 구브로로 가고. Acts 15:39

77. 환상

그날 거기에서
그가 나타나셨다.
그들의 미소 속에서
불타는 하늘이 보였다.

똑같은 생명들이요
다 같은 자녀들이다.
왜 너희는 불어터지고
그들은 미소를 짓는 것이냐?

복에 겨워
감사를 모르고
너무 잘 처먹어
하늘을 잊어버린다.

모두 자신의 죄과이다.
안으로 굽어 펴질 줄 모르고
우리가 남이냐 하며
지 새끼만 펴 먹인다.

그래서 그것으로
멸망으로 향하고

그 죄악의 형벌로
우매자가 되어간다.

아무런 희망이 없다.
그것도 모르고
서로 끌어안고
히히덕대며 좋아한다.

그래, 그렇게 하다가
무덤으로 들어가라.
우리는 여기에서
하늘로 올라가마.

보는 자는 복이 있고
듣는 자는 알게 될 것.
나는 오늘도 자리에서 일어나
그의 환상을 따라 길을 걷는다.

밤에 환상이 바울에게 보이니 마게도냐 사람 하나가 서서 그
에게 청하여 이르되 마게도냐로 건너와서 우리를 도우라 하거
늘. Acts 16:9

78. 루디아(Lydia)

그들이 있어야 한다.
하늘이 보내주신 천사들.
그들에 의해
세상은 밝아진다.

그들이 필요하다.
어둠이 짙어지고
차가운 바람이 불어올 때,
그들의 손을 잡아야 한다.

먼저 마음을 여는 이,
부드럽고
열린 마음에 의해
하늘의 역사는 일어난다.

그들이 없다면
세상은 얼마나 어두울까?
차가운 바람이 불면
더욱 절실해진다.

그렇게 고고할 이유가 없다.
마음을 열어

먼저 손을 내미는
그가 기다려진다.

헛된 것에
마음을 빼앗길 수 없다.
사라져가는 것에
시간을 버릴 수 없다.

아름다운 외모보다
사랑의 마음이 필요하다.
자기의 자리에 앉아
거룩한 기도를 드리는 모습.

한세상 살면서
그들의 손을 잡고
같이 길을 걸어가는 것.
그들이 있어 희망이 있다.

두아디라 시에 있는 자색 옷감 장사로서 하나님을 섬기는 루
디아라 하는 한 여자가 말을 듣고 있을 때에 주께서 그 마음을
열어 바울의 말을 따르게 하신지라. Acts 16:14

79. 여종

무엇에 사로잡혀
세상을 살아가는가?
그렇게 돈을 벌어
무엇에 쓰려는가?

돈 몇 푼에
자신을 팔아
하늘의 길을
저버리겠는가?

보이지 않는
미래를 팔아
너의 주머니를
채우려 하는가?

너의 앞길을
귀신에게 맡기고
그의 점술에 따라
선택권을 포기하려는가?

자기의 길은
자기가 선택하여

자기가 책임을 지고
살아가는 것이 아닌가?

정해진 것은
아무것도 없지 않은가?
자기의 길은
자기가 개척하는 것이 아닌가?

너의 말을 따라
삶을 살아간다면
내가 사는 것이
무엇이라 할 수 있겠는가?

내 뒤로 물러가라.
나는 내 십자가를 지고
그의 뒤를 따라서
길을 걸어갈 것이니라.

80. 기도와 찬송

적어도 나는
그들이 원하는
세상의 노래를
부를 수가 없었다.

밤이 어두울수록
희망의 노래가 필요했다.
모두가 입을 닫는다면
그들이 미소를 지을 것이니

노래를 부르는 것은
누구도 막을 수 없고
목숨을 주고도 바꿀 수 없는
마지막 기도인 것이다.

노래에 마음을 싣고
기도에 영혼을 담는다.
살아있는 인간이 할 수 있는
마지막 희망이다.

입이 있는 자는
노래를 부를 것이고

믿음이 있는 자는
기도를 드릴 것이다.

믿음의 기도에는
진실이 있어야 하고
생명의 노래에는
영혼이 있어야 한다.

믿음의 기도는
닫힌 문을 열 것이고
영혼의 노래는
하늘을 움직일 것이니

마지막 시간에
드릴 기도와 노래를
지금 준비해야 한다.
그때까지 계속해야 한다.

한밤중에 바울과 실라가 기도하고 하나님을 찬송하매 죄수들
이 듣더라. Acts 16:25

81. 강론

사람은 누구나
자기 의견을 말할 수 있다.
누구나 역사에 대해
해석을 할 수 있다.

자기 의견과 같지 않으면
위험한 것이고
이단 사설로
나가는 것인가?

누구나 일리의
의견을 말할 뿐이다.
자기 의견만이 진리이고
다른 의견은 잘못된 것인가?

다양한 자유가 모여
풍성한 문화가 되고
모두가 합하여
실체가 드러난다.

누가 무슨 말을 하든
그렇게 생각하고

그렇게 이해하는
한 가지 설명일 뿐이니

그것을 벗어나면
전체주의가 되고
타인의 자유성을 침범하는
폭력과 횡포가 되는 것.

자기만의 울타리를 벗어나지 못하면
그것이 족쇄가 되어
인간의 존엄성을 파괴하는
강제의 감옥이 된다.

하여 천부의 인권을 거부하는
그 어떤 것이라도
무슨 이유라 할지라도
결코 그것을 합리화할 수는 없다.

바울이 자기의 관례대로 그들에게로 들어가서 세 안식일에 성
경을 가지고 강론하며. Acts 17:2

82. 베뢰아 사람들(The Bereans)

도대체 알 수가 없다.
어떻게 그렇게
인간성이 파괴되고
역사성을 잃었는가?

자기만의 시야에 갇혀
한치 앞을 보지 못한다.
손이 안으로 굽어
자기 배만 채운다.

굽은 손으로
민중을 훑어
눈알을 빼내고
창자를 꺼낸다.

시대의 배반자들.
약자의 흡혈귀들.
지금까지 그들에 의해
얼마나 많은 피가 흘렀는가?

가난한 이 땅의
갈라진 역사는

얼마나 더 많은
피를 흘려야 되는가?

양심에 화인 맞은
인두겁 철면피를 쓰고
뻔뻔한 얼굴을 들어
하늘을 바라본다.

세상엔 참
알 수 없는 일들이 많다.
하늘은 참으로
인내심이 많으시다.

과연 이 땅의 역사는
의인이 일어설 수 있을 것인가?
두 눈을 똑바로 뜨고
결과를 살펴야 한다.

베뢰아에 있는 사람들은 데살로니가에 있는 사람들보다 더 너
그러워서 간절한 마음으로 말씀을 받고 이것이 그러한가 하여
날마다 성경을 상고하므로. Acts 17:11

83. 격분

분노하라.
거기에서부터
역사가 시작된다.
자리에서 일어나라.

동정하라.
알지 못하는 것을 예배하고
어둠 속에서 헤매는
무지한 영혼들이 있다.

연민하라.
알지 못해서 일어난 일이니
미워하지 말고
불쌍히 여기라.

자비하라.
아닌 것을 아니라 하고
슬픔에 눈물을 흘리며
그들을 가슴에 품으라.

사랑하라.
남은 것이 그것이고

할 수 있는 것이 그것이니
그 외에 무엇이 남아있겠는가?

기도하라.
최선을 다하여
주어진 일을 하면서
마지막에 우리가 해야 할 일.

감사하라.
할 수 있다는 것에
살아있다는 것에
뜻이 있다는 것에

돌아가라.
완성을 향하여
모든 것을 내려놓고
무로 귀향할 시간이니…

바울이 아덴에서 그들을 기다리다가 그 성에 우상이 가득한
것을 보고 마음에 격분하여. Acts 17:16

84. 에피쿠로스(Epicouros)

지극히 작은 것에도 만족하고
살아있다는 것에 감사하며
순간을 영원처럼
최선을 다한다.

다 할 수 있음에도
다 하지 않으며
문득 멈추어서
삶을 돌아본다.

그것을 넘어
한계를 지나
절제를 하며
열매를 본다.

그 앞에
무슨 열매가 있는가?
나는 여기에서
무엇을 할 수 있는가?

그 속에 내가 있고
내 안에 그가 있다

그와 내가 다른 점이
무엇이 있는가?

그래, 그들은
자신을 바치지 않았다는 것이다.
어디에도 속하지 않고
밖에 있다는 것이다.

그와 하나 되지
않았다는 것이다.
자기의 노력으로
길을 간다는 것이다.

노력 없이 되는 것은 없겠지만
그와 하나 되지 않는다면
모든 것은 따로 떨어져
유리하는 것이 되리라.

어떤 에피쿠로스와 스토아 철학자들도 바울과 쟁론할 새 어떤
사람은 이르되 이 말쟁이가 무슨 말을 하고자 하느냐 하고 어
떤 사람은 이르되 이방 신들을 전하는 사람인가보다 하니 이
는 바울이 예수와 부활을 전하기 때문이러라 Acts 17:18

85. 아레오바고(Areopagus)

날마다
영성의 언덕에 오른다.
거기에서
진리의 자유를 누린다.

오르지 않으면
만날 수 없으니
모든 살아있는 자는
이곳에 올라야 한다.

거기에 가면
위대함이 있다.
만나지 못한 것은
말할 수가 없다.

자신을 바쳐야
역사가 일어난다.
바침의 헌신이 없이
무엇이 일어나겠는가?

무엇이 진실이고,
무엇이 거짓인지,

만천하에
드러내야 한다.

손바닥으로 감춘다고
하늘이 가려지겠느냐?
잠깐 동안 머물며
지연시킬 수는 있겠지.

그러나 그것은
더 큰 문제를 만들고
더 많은 생명을
죽이게 될 것이다.

모든 것을 드러내어 진실을 말해보자.
그런다고 다 알 수는 없겠지만
그래도 빗방울이 모이면
대해가 되지 않겠는가?

그를 붙들어 아레오바고로 가며 말하기를 네가 말하는 이 새
로운 가르침이 무엇인지 우리가 알 수 있겠느냐? Acts 17:19

86. 아덴 사람들(The Athenians)

날마다 새것이다.
어제도 없고
내일도 없으며
언제나 지금이다.

어제는 지나갔고
내일은 아직 없으니
지금 여기는
항상 새것이다.

언제 지나온 것이 있고
어디에 오지 않은 것이 있는가?
모두가 그때 존재했고
거기에 있었던 것.

새것이라 생각한 순간,
그것도 지나간 것이고
모두 흘러가는 것이니
허공을 잡는 것일 뿐.

새것도 없고
헌것도 없다.

모두가 그때 존재하는
최상의 것이다.

언제나 우리는
하늘의 곳간에서
새것과 옛것을 꺼내
거기에 생명을 불어넣는다.

옛것 속에
새것이 있고
새것 속에
옛것이 있으니

모두가 같은 하나이다.
찾을 것도 없고
모자랄 것도 없는
그것으로 그저 충만인 것.

모든 아덴 사람과 거기서 나그네 된 외국인들이 가장 새로운
것을 말하고 듣는 것 외에는 달리 시간을 쓰지 않음이더라.
Acts 17:21

87. 알지 못하는 신

가장 아픈
역사의 고난 속에서
창조를 향해 움직이는
나의 신을 찾아간다.

이미 다 찾은 것은 아니지만
거기에 머물러 있는 것이 아닌
바람처럼 흐르는
우주의 신성이다.

끝없이 움직이며
구심력과 원심력으로
변화를 이루어가는
생명의 바람이다.

보이지 않는
무의 형상으로
그는 내 앞에서
형체를 드러낸다.

내가 찾아가는
제 3지대의

경계에서 일어나는
새로운 역사이다.

이미 만들어진 것은
거기에서 끝이 난다.
무엇이 더 이상
필요한 것인가?

그래서 마음은 항상
열어두어야 한다.
닫힌 마음에선
아무것도 일어날 수 없다.

그것만 움켜쥐어선
새것이 들어올 수 없다.
우리가 원하는 것이
바로 그것이 아닌가?

내가 두루 다니며 너희가 위하는 것들을 보다가 알지 못하는
신에게 라고 새겨진 단도 보았으니 그런즉 너희가 알지 못하
고 위하는 그것을 내가 너희에게 알게 하리라. Acts 17:23

88. 생명과 호흡

무엇을 믿는 것인가?
사람의 길이란
믿음대로 걷는 것이고
걷는 대로 사는 것이니

초월자를 믿는 자는
경배를 드리지만
존재자를 믿는 자는
신성을 경외한다.

그의 믿음이
그의 삶을 결정한다.
위에서 오는 것인가?
아래에 서는 것인가?

위에서 오는 자는
지배하고 다스리지만
아래에 서는 자는
존재와 하나가 된다.

그와 내가 하나라면
신학은 다시 써야 하고

영과 진리로 드리는 예배는
또 다른 것이어야 한다.

그의 것이 내 것이고
내가 그 안에 있다면
부족함도 없고
남는 것도 없을 것.

감사와 기도가 내 것이고
그는 하늘에 거하며
영원과 이어지는
영생의 삶을 살 것이니

그처럼 살아가며
그렇게 깨달으니
날마다 하늘에 오르는
거룩한 존재일 것이다.

또 무엇이 부족한 것처럼 사람의 손으로 섬김을 받으시는 것
이 아니니 이는 만민에게 생명과 호흡과 만물을 친히 주시는
이심이라. Acts 17:25

89. 하나님의 소생

나는 거기에서 태어났다.
바람 한 점 없는
태고의 신비 속에서
생명의 무릎을 꿇었다.

하늘에서 온 자는
하늘의 일을 말하고
땅에서 온 자는
땅의 일을 말한다.

하늘이 없는 땅은
삶의 방향이 없고
땅이 없는 하늘은
생의 발판이 없다.

하늘을 바라보는 자는
순례의 길을 걸어가고
땅에서 살아가는 자는
세상의 길을 걸어간다.

하늘에서 살아가는 자는
삶의 진리를 따르고

땅을 바라보는 자는
형상에 머리를 조아린다.

자기가 새기는 그것이
자기에게 돌아오고
자기가 믿는 그것을
결국은 따르게 된다.

하여 우리는 날마다
자신을 돌아봐야 한다.
자기의 머릿속을 살펴
진리를 생각해야 한다.

절대적 확신은
자기의 미신이 될 수 있고
절대적 맹신은
생각의 무덤이 될 수 있다.

이와 같이 하나님의 소생이 되었은즉 하나님을 금이나 은이나
돌에다 사람의 기술과 고안으로 새긴 것들과 같이 여길 것이
아니니라. Acts 17;29

90. 증거

그것이 하늘의 증거이다.
가난한 자가 복이 있다는 것.
그렇게 삶으로
하늘을 열 수 있다는 것.

세상의 끝 날엔
반드시 심판이 있다는 것.
그래서 아무렇게나 살면
안 된다는 것.

반드시 공의가
승리한다는 것.
그런 희망으로
끝까지 버텨야 한다는 것.

십자가 후엔
부활이 있다는 것.
광야의 정신이
역사를 일으킨다는 것.

그것이 우리의 믿음이고
그것이 마지막 보루라는 것.

그 외엔 어떤 것도
희망이 없다는 것.

그것이 있어야
우리가 살 수 있다는 것.
그것이 없다면
아무도 설 수가 없다는 것.

그것으로 그가
하늘의 문을 여셨고
그의 삶으로
그의 나라를 시작했다는 것.

이제 그 일을
우리에게 맡기셨고
그와 함께함으로 우리는
영원과 이어진다는 것.

이는 정하신 사람으로 하여금 천하를 공의로 심판할 날을 작
정하시고 이에 그를 죽은 자 가운데서 다시 살리신 것으로 모
든 사람에게 믿을 만한 증거를 주셨음이니라. Acts 17:31

91. 조롱

먼저 가는 자는
외로운 법이다.
아무도 걷지 않은 길을
홀로 걸어야 한다.

앞서서 눈길을
헤쳐 나가야 하고
때로는 구덩이에 빠져
부상을 입을 수도 있다.

송사리들은 뒤에서 수군대며
발목을 잡아당긴다.
자꾸 같이 가자고
힘이 든다고 졸라댄다.

잽도 한두 번이지
자꾸 맞으면
짜증도 나고
내상을 입기도 한다.

가장 힘든 것은
불확실과 의심이다.

이 길이 정말 맞는 것인지,
계속 듣다보면 회의가 올라온다.

그러나 멈춰있는 것보다는
걷는 게 낫다.
걷다보면 길도 생기고
같이 걸어가는 동반자도 생긴다.

결국 모든 것이 합력해서
역사가 일어나는 것.
처음부터
길이 있는 것은 아니다.

문제는 누가 마지막까지
길을 걷는가 하는 것이다.
넘어지고 쓰러져도 또 일어서 가다보면
언젠가 마지막에 도달할 것이다.

그들이 죽은 자의 부활을 듣고 어떤 사람은 조롱도 하고 어떤
사람들은 이 일에 대하여 네 말을 다시 듣겠다 하니. Acts 17:32

92. 천막장이

천막을 기운다.
터진 곳을 잡아
헤어진 곳을 고쳐
새롭게 만든다.

삶에 지친 사람들은
누울 곳이 필요하다.
뜨거운 태양 아래에서
피할 곳을 찾는다.

어디로 가야
쉴 곳이 있는가?
잠깐 한눈만 팔아도
등골을 갉아먹는다.

정신을 차려야 한다.
항상 눈을 떠
주위를 살피고
귀를 열어야 한다.

믿을 곳이 없어
사람들은 피곤하다.

진정으로 생명을 사랑하는
하늘의 사람들이 있어야 한다.

가난한 사람들은 오늘도
하늘만 바라보고 있다.
어디에 희망이 있는가?
무언가 변화가 일어나야 한다.

손을 잡아야 한다.
눈을 뜨고 깨어서
새로운 일을 일으켜야 한다.
날마다 역사를 다시 써야 한다.

하나는 약하여
함부로 넘보지만
둘이 손을 잡으면
견고한 성이 된다.

생업이 같으므로 함께 살며 일을 하니 그 생업은 천막을 만드
는 것이더라. Acts 18:3

93. 말씀에 붙잡혀

말씀이 나를 잡았다.
다른 아무것도
생각하지 않았다.
할 일이 오직 그것이었다.

그것만이
내 삶의 의미였다.
그것 외에
무슨 할 일이 있겠는가?

마음을 열고
되새겨 생각하면
하늘의 통찰이 내려왔다.
위에서 내려다보았다.

무심으로
길을 걸으면
깊은 곳에 들어갔다.
거기에서 물을 길어 올렸다.

물이 솟아나
지혜처럼 흘러갔다.

고기를 끌어올리듯
두 손으로 떠올렸다.

거룩한 삶으로
마음을 닦아
아무도 없는
길을 걸었다.

걸을 수 있다는 것은
하늘의 축복이었다.
매일 먹는 것이
피가 되었다.

마음이 가는 대로
생각의 흐름을 따라
글로 적으면 되었다.
말씀의 증언자가 되었다.

실라와 디모데가 마게도냐로부터 내려오매 바울이 하나님의
말씀에 붙잡혀 유대인들에게 예수는 그리스도라 밝히 증언하
니. Acts 18:5

94. 옷을 털다

잘 안 되는 것을
억지로 할 수는 없다.
좋아하지 않는 것은
오래가지 못한다.

잘 안 될 때는
자리를 털고 일어나야 한다.
힘들게 하는 것은
아직 하늘의 때가 아니다.

자연스럽게
물 흐르듯이
서로의 힘을 모아
하늘의 뜻을 이루어야 한다.

일어날 수 있다는 것은
새것을 기다린다는 것이고
함몰의 함정에서
벗어날 수 있다는 것.

때를 기다려야 한다.
멈출 수 있어야 한다.

가장 쉬운 것은
준비된 자를 찾는 것이다.

할 수 있는 자를 찾고
의지가 있는 자를 찾아
그에게 일을
맡기는 것이다.

먼지는 먼지로
돌아가게 해야 한다.
잘 되지 않는 것은
아직 때가 아닌 것이니

그것도 역시
자신의 선택이다.
그리고 자신의 선택은
자신이 책임을 지는 것이다.

그들이 대적하여 비방하거늘 바울이 옷을 털면서 이르되 너희
피가 너희 머리로 돌아갈 것이요 나는 깨끗하니라. 이후에는
이방인에게로 가리라 하고. Acts 18:6

95. 침묵

눈을 감지 말라.
해 아래에서 벌어지는
온갖 억울한 참상들에
너의 눈을 돌리지 말라.

귀를 막지 말라.
하늘에서 들려오는
수많은 계시의 교향악들.
다 똑같은 소리가 아니다.

자리에 머물지 말라.
고인 물은 썩게 되고
더러운 벌레가 몰려들어
몸까지 병들게 될 것이다.

고개를 돌리지 말라.
보기에 역겹다고
가슴이 아프다고
얼굴을 찡그리지 말라.

불평하지 말라.
그렇게 만든 것도

너 또한 그런 것이니
책임을 누구에게 돌리겠는가?

진정으로
배고파 본 자만이
한 조각 빵의 감사를 알고
한 숟갈 밥의 진미를 알 것이다.

일의 기쁨을
지나치지 말라.
하고 싶어도 하지 못하는
기나긴 실직의 아픔도 있다.

너의 입을 닫지 말고
거짓과 불의에 저항하여
진실의 외침과 기도에
너의 남은 삶을 바치라.

96. 머리를 깎다

머리를 깨끗이 민다.
기분이 상쾌하다.
하늘 앞에 죄인이니
남길 것이 없다.

더러운 것을 제하고
헛된 망상을 버리고
마음을 다잡아
굳게 다진다.

다시 길을
떠나야 한다.
날마다 마음을 잡고
새롭게 일어나야 한다.

외모를 보지 않고
내면을 보아야 한다.
무언가 장식을 한다는 것이
마냥 헛된 것이다.

언제나 그를 바라보며
한줄기 계시를 찾아

새벽의 자리에
앉아야 한다.

물끄러미
흐르는 마음을 바라본다.
화를 낼 것도
조급할 것도 없다.

날마다 머리를 깎는다.
한 점 미련도 없이
아무런 후회도 없이
길을 걷는다.

이렇게 길을 가다보면
마침내 어느 날,
정상에 서게 될 것이니
기다림은 나의 희망이다.

바울은 더 여러 날 머물다가 형제들과 작별하고 배 타고 수리
아로 떠나갈새 브리스길라와 아굴라도 함께 하더라. 바울이
일찍 서원이 있었으므로 겐그레아에서 머리를 깎았더라. Acts
18:18

97. 굳건하게

이것이 내가 여기에 있는
한 가지 이유이다.
그것 때문에 나는
지금을 살아간다.

조금만 힘을 주고
마중물을 부어주면
언젠가 생수가
솟아날 것이다.

서로를 위로하며
서로의 손을 잡고
주어진 한세상을
이렇게 살아간다.

같이 기도를 드리며
순례의 길을 걷는다.
어차피 한 세상이니
기쁨으로 걸어간다.

부족한 것도
남는 것도 없이

그때 그 시간에
그것으로 족하다.

할 수 있는 만큼
하는 것이요
걸을 수 있는 만큼
걷는 것이다.

그 외에 더하면
피곤한 인생이요
그 보다 못하면
부끄러운 삶일 것이니

우리 흔들리지 말자.
세상을 바라보지 말자.
낙심하여 포기하지 말고
조금씩만 열심을 내자.

얼마 있다가 떠나 갈라디아와 브루기아 땅을 차례로 다니며
모든 제자를 굳건하게 하니라. Acts 18:23

98. 능통

하늘을 보면 때를 안다.
지금이 어느 때인가?
앉아야 할 때가 있으면
일어서야 할 때가 있다.

세상을 보면 역사를 안다.
어둠의 패당이 모여
음모를 꾸미고 있는데
그것을 모르면 휘말려 들어간다.

길을 알면
걸을 수가 있고
멈출 때가 있으면
계속 할 때가 있다.

선과 악의 법리는
아무나 판단할 수가 없다.
그대로 놔두어야 할 때가 있고
밝히 드러내야 할 때가 있는 법.

주어진 일을
명확하게 처리하고

하지 않은 것에 미련을 남기지 말며
한번 지나간 것에 후회를 하지 말라.

하나를 깊이 알면
열을 말할 수 있으니
말하지 않아도
뜻을 깨닫는다.

미로에서 헤매지 말고
진리의 길을 걸으라.
네가 살아가는
삶의 명은 무엇인가?

미망에서 벗어나
도리를 깨달으라.
너의 믿는 바를
분명하게 설명하라.

알렉산드리아에서 난 아볼로라 하는 유대인이 에베소에 이르
니 이 사람은 언변이 좋고 성경에 능통한 자라. Acts 18:24

99. 성 령

세상엔
영의 사람이 있고
육의 사람이 있다.
자기의 고향을 따라간다.

땅에는
영으로 사는 사람이 있고
육을 위해 사는 사람이 있다.
자기가 살아온 대로 돌아간다.

사람들 사이엔
영의 말을 하는 사람이 있고
육의 말을 하는 사람이 있다.
자기가 아는 것 외엔 말할 수 없다.

영은 영혼을 통해 흐르고
육은 육신을 통해 흐른다.
네 속에
흐르는 것은 무엇인가?

하늘의 말을 해야 한다.
깨달은 말을 해야 한다.

마음속에 있는 것이
입으로 나오는 법.

이것이
내가 길을 걷는 이유이고
새벽마다
내 자리에 앉는 의미이다.

나를 통해
성령이 흐른다면
그것이 내가 살아가는
최고의 기쁨일 것.

그저 통로이고 싶다.
은혜와 축복이 흘러
뭇 생명들이
마시면 된다.

바울이 그들에게 안수하매 성령이 그들에게 임하시므로 방언
도 하고 예언도 하니. Acts 19:6

4 장

그들을 통하여

100. 두란노 서원

헛되게 보낼
시간이 없다.
안 되는 것에
공을 들일 수 없다.

준비된 자들에게
공을 던져야 한다.
그렇지 않으면 그것은
또 하나의 폭력이다.

열린 자들을
찾아야 한다.
목마른 대지에
물을 주어야 한다.

배부른 자에게 밥 한 그릇은
또 다른 독이 된다.
그들의 약은
잠깐 멈추는 것이다.

눈을 열어
밭을 보라.

누가 너희를
기다리고 있는가?

기쁨으로 영접하지 않는 곳에서는
네 발의 먼지를 떨어버리라.
너의 자리에 앉아
때를 기다리라.

자연스럽게 흐르지 않는 것은
아직 때가 아닌 것이니
익은 씨앗들은
알아서 된다.

씨앗을 뿌리면
언젠가 발아를 하게 될 것.
그저 지금은 묵묵히
씨를 뿌리는 것이다.

어떤 사람들은 마음이 굳어 순종하지 않고 무리 앞에서 이 도
를 비방하거늘 바울이 그들을 떠나 제자들을 따로 세우고 두
란노 서원에서 날마다 강론하니라. Acts 19:9

101. 바울의 손

나를 통해
하늘을 여신다면
날마다 당신 앞에 나아가
기도의 불을 밝히겠습니다.

그것보다 더한 것이
어디에 있겠으며
그에 대한 기쁨을
무엇에 비기겠습니까?

먹지 않아도 좋으며
배부르지 않아도 좋습니다.
그저 마른 목에
한 방울의 생수만 적십니다.

병든 자가 일어나지 않아도
신비한 기적이 없어도 좋으니
마음에 떨어지는 진리 한 조각,
그것만 있으면 됩니다.

언젠가 또 다시 약함이 찾아올 것이고
먹고 또 먹어도 허기는 찾아올 것이니

그것이 저의 가치가 아니라
지금이 당신의 은혜입니다.

그것 하나로
세상을 이기며
악의 역사를 넘어뜨려
선의 역사를 써나갑니다.

아무 것이 없어도
문제가 되지 않습니다.
당신이 내 옆에 계시면
당신만 바라보겠습니다.

마음을 비우니
역사가 일어나고
세상의 옷을 벗으니
진리가 드러납니다.

하나님이 바울의 손으로 놀라운 능력을 행하게 하시니. Acts 19:11

102. 로마(Rome)

나의 마지막 비전은
그곳에 가는 것이다.
제국의 심장에
비수를 꽂아야 한다.

나의 마지막 소명은
그것을 이루는 것이다.
어둠의 세상에
불을 밝혀야 한다.

그것을 위해
내가 부름을 받았고
그것 때문에
지금까지 살아왔다.

천 번도
더 죽었어야 할 목숨,
사는 것이 욕심이요
숨 쉬는 것이 부끄럽거늘

무엇을 위해
매일을 살아가며

하늘 앞에
고개를 들 수 있을까?

호랑이를 잡으려면
호랑이 굴로 들어가야 하고
복음의 불을 밝히려면
중심으로 들어가야 한다.

사랑에 주린 자들이
나를 기다리고 있다.
진리에 목마른 자들이
애타게 손짓하고 있다.

큰 그림을 그려야 한다.
어차피 한 번은 죽어야 되는 것.
거기에 삶을 바침으로
내가 제물이 되어야 한다.

이 일이 있은 후에 바울이 마게도냐와 아가야를 거쳐 예루살
렘에 가기로 작정하여 이르되 내가 거기 갔다가 후에 로마도
보아야 하리라 하고. Acts 19:21

103. 사람의 신

신앙이란
보이지 않는 신을
홀로 찾아가는 것이다.
누구도 대신해줄 수 없다.

나를 위해
당신이 십자가를 지고
당신이 대신 진리를
대변해 주겠는가?

그가 십자가를 진 것은
너도 이렇게 십자가를 지고
자신을 따라오라는 것이니
거저 받겠다는 것인가?

그것은 그냥
너의 공적을 자랑하지 말고
선을 행함으로 구원을 살 수 없다는 것.
겸손히 은혜로 알고 감사하라는 것이다.

도대체 아무것도 없이
앉아서 믿기만 하면

하늘에서 구원이
떨어진다는 것인가?

가다가 고침을 받고
하다가 은혜를 받는 것이다.
걷다가 깨달음을 얻는 것이요
손을 내밀어야 깨끗함을 받는 것.

끊임없이 팽창하며
계속해서 변화하는
우주의 한가운데에서
너의 확신이란 무엇인가?

거짓 확신과
헛된 맹신을 벗어나
진리의 한 조각을 얻기 위해
날마다 피를 흘려야 할 것이다.

이 바울이 에베소뿐 아니라 거의 전 아시아를 통하여 수많은
사람을 권유하여 말하되 사람의 손으로 만든 것들은 신이 아
니라 하니 이는 그대들도 보고 들은 것이라. Acts 19:26

104. 아데미 (Artemis)

당신의 자궁에서
생명이 잉태되고
당신의 젖무덤에서
아이들이 양육된다.

우린 무릎을 꿇고
당신을 경배한다.
생명의 어머니여!
대지의 여신이여!

당신 안에
모든 것이 있다.
당신을 통해 우린
육신의 구원을 본다.

당신은 여러 모양으로
우리에게 나타나셨다.
때로는 마리아로
때로는 여신으로

당신의 신성이
우리의 모성이 되었고

당신의 신비가
우리의 꿈이 되었다.

당신 없인
우리는 허전하고
당신을 잃으면
우리는 고독하다.

당신의 품안에서
우리는 잠이 들고
당신의 가슴에서
우리는 사랑을 한다.

우린 당신이 필요하다.
당신을 통해
우리의 꿈을 이루고
당신 옆에서 죽음을 맞이한다.

그들이 이 말을 듣고 분노가 가득하여 외쳐 이르되 크다 에베
소 사람의 아데미여 하니. Acts 19:28

105. 신전 지기

그것이 너의 자랑인가?
우매한 백성의
피를 뽑아
신전에 바르는 것.

황금으로
지붕을 물들여
광란의 파티를
벌이는 것.

연기를 피우며
시야를 가려
진리의 실상을
감추는 것.

그럴 듯하게 차려입고
거들먹거리며
고개를 쳐들어
닫힌 하늘을 올려다보는 것.

해 아래에서 벌어지는
온갖 참상들.

결코 너의 죄가
가볍지 않다.

그래, 너는 거기에서
너의 신전을 지켜라.
나는 여기에서
나의 마음을 지키리라.

날마다
길을 걸으며
더러운 옷을 벗고
하늘에 도달하리라.

거기에서 그와 함께
나의 육신을 누이리라.
바람 부는 광야에서
생명의 노래를 부르리라.

서기장이 무리를 진정시키고 이르되 에베소 사람들아 에베소
시가 큰 아데미와 제우스에게서 내려온 우상의 신전지기가 된
줄을 누가 알지 못하겠느냐? Acts 19:35

106. 작별

잘 살았다.
여한이 없다.
최선을 다했다.
한 점 후회도 없다.

나에게 주어진
매일의 시간들.
하루가 천년이었고
천년이 하루였다.

순간이 영원이었고
영원은
나에게로 와
나의 순간이 되었다.

이제 시간이 되었다.
그만 일어서야 한다.
언제까지 이렇게
머물 수가 없다.

더 있는 것은
나의 수욕이요

나의 시간을 넘어서는
삶의 과욕이다.

너는
너의 길을 가라.
나는
나의 길을 가리라.

그리고 길을 가다가
잠깐 멈추어
지나온 길을 돌아보며
조금만 나를 생각하라.

우리 손을 잡고
다시 만날 날에
열심히 살았다고
감사를 드리게 하라.

소요가 그치매 바울은 제자들을 불러 권한 후에 작별하고 떠
나 마게도냐로 가니라. Acts 20:1

107. 떡을 떼다

한 줌의
떡을 뗀다.
우리가 사는 것이
바로 그것이다.

같이 떡을 떼며
삶을 나누는 것.
원래 삶이란
이렇게 나누는 것이다.

조금씩 나누어 먹으면
모두가 잘 살 수 있는데
자기만 먹으려 하면
모두가 모자라다.

다 먹을 수도 없다.
조금씩만 먹으면 된다.
더 먹는 것은
실상 독이 된다.

버리는 자는
얻을 것이고

얻으려 하는 자는
버리게 될 것이다.

나를 깨뜨려 너희에게 주노니
지금 나를 먹으면
나의 생명이
너희 안에 있으리라.

내가 이것을
너희에게 보여줌은
나의 생명이
너희 안에 있게 하려함이니

너를 깨뜨려
생명의 향기가 나게 하라.
그 향기가
세상에 퍼지게 하라.

그 주간의 첫날에 우리가 떡을 떼려하여 모였더니 바울이 이
튿날 떠나고자 하여 그들에게 강론할 새 밤중까지 계속하매.
Acts 20:7

108. 유두고(Eutychus)

나 때문에 하늘이
가려져서는 안 된다.
내가 하늘을 여는
기도가 되어야 한다.

내가 거기에 있음으로
통로가 막힐 수 없다.
없음으로 돌아가
흘러내려야 한다.

바람이 불고
축복이 흐르는 길,
그것이 내가 여기에 존재하는
한 가지 이유이다.

내가 있음으로
하늘이 열려야 하고
내가 입을 엶으로
계시가 흘러야 한다.

그렇지 않다면
사는 것이 무엇이며

줄어가는 산소를 죽여
숨을 쉼이 무엇인가?

언제나 눈을 뜨고
주위를 살펴야 한다.
그리하여 함부로
죽을 수가 없다.

행여 나로 인해
어둠이 내려오지 않도록
시험에 들지 않게
깨어 기도해야 한다.

들고 나는
출입을 조심하며
말의 발설을 삼가
진리를 증언해야 한다.

유두고라 하는 청년이 창에 걸터앉아 있다가 깊이 졸더니 바
울이 강론하기를 더 오래 하매 졸음을 이기지 못하여 삼 층에
서 떨어지거늘 일으켜보니 죽었는지라. Acts 20:9

109. 지체하지 않고

해야 한다고
결정이 되면
지체하지 않는다.
머뭇거릴 시간이 없다.

그가 부르시고
그가 원하시면
바로 일어나서
걸어가야 한다.

가다가 생각이 되고
걷다가 정리가 된다.
하다가 역사가 일어나고
쓰다가 계시가 내려온다.

시간이 흐르고
기회가 지나면
다시는 돌아오지 않으니
그때 그것이 유일하다.

그것은 역사에
단 한 번이다.

오늘이 지나면
다시 돌아오지 않는다.

지나간 바람을
잡을 수 있는가?
흘러간 강물을
담을 수 있는가?

그때가 지나면
그때 일어서서
진리를 외치지 않으면
불의에 방조하는 죄악이 된다.

순간이 모여
일생이 되고
그 삶이 모여
영원이 된다.

110. 겸손과 눈물

머리를 숙이고
무릎을 꿇어야 한다.
눈을 감고
기도를 드려야 한다.

겸손은 하늘을 열게 하고
눈물은 마음을 열게 하니
그것이 없이는
삶이 헛것이다.

때로는 억울한 일도 당할 것이고
고난과 시험을 견뎌야 할 것이다.
하고 싶은 말도 참아야 할 것이고
하기 싫은 것도 해내야 할 것이다.

그것을 이겨야 한다.
십자가를 져야 한다.
나의 주님도 그렇게
생명을 섬기셨다.

나의 주님이
그러하셨듯

나도 그대로
행해야 한다.

주님이 우리를
정성껏 섬겼듯
그렇게 우리도
섬겨야 한다.

참아내야 한다.
견뎌내야 한다.
그렇게 하다보면
언젠가 하늘에 오르게 될 것이니

지금 나에게 주어진
지상 최대의 과제.
그것을 감당해야 한다.
반드시 이겨내야 한다.

곧 모든 겸손과 눈물이며 유대인의 간계로 말미암아 당한 시
험을 참고 주를 섬긴 것과. Acts 20:19

111. 은혜의 복음

거저 주어진다.
가난한 자와
약한 자들에게
무상으로 비가 내리듯

그래서 은혜이다.
내가 잘나서
내가 잘해서 주어진다면
그것이 은혜인가?

하늘의 은혜가
나의 수고에 대한
당연한 보상이라면
그것은 은혜가 아닌 것.

달려갈 길을 다 달리고
받은 사명을 다 이루어도
은혜가 아니라면
자기 자랑이 될 것이니

모든 것이 은혜로다.
하루의 숨을 쉼이 은혜요

한 조각의 빵을 먹음이
하늘이 자신을 주는 것.

은혜로 받은 생명이고
여분으로 사는 삶이니
마지막까지 불태워
하늘에 드리는 것이다.

이렇게 길을 걸어
마지막에 이르면
그의 품안에 거하며
영원의 노래를 부르게 될 것.

그 날을 기다리며
지금 광야를 걸어
하늘에 도달하리니
감사와 영광만 드릴 뿐이다.

내가 달려갈 길과 주 예수께 받은 사명 곧 하나님의 은혜의 복
음을 증언하는 일을 마치려 함에는 나의 생명조차 조금도 귀
한 것으로 여기지 아니하노라. Acts 20:24

112. 삼가라

다 할 수 있지만
다 하지 않는다.
다 갈 수 있지만
다 가지 않는다.

아무런 걸림이 없고
모든 것이 자유이지만
삼가고 조심하여
먹지 않는 것이다.

그것은 율법이 아니고
억지로 금하는 것이 아니라
자진해서 스스로
멈추는 것이다.

하늘이 주신 생명이니
하늘의 뜻대로 살아간다.
하늘의 뜻을 따라
하늘의 목적을 이룬다.

하늘이 보내셨으니
하늘의 길을 걸어간다.

하늘의 길을 걸어
하늘에 도달한다.

경건한 두 손으로
거룩한 사명을 받들어
그의 뜻을 이루어 간다.
생명의 길을 걷는다.

언제 넘어질지
언제 쓰러질지
아무도 모르니
항상 깨어있다.

산 위에 세워진
세상의 빛이니
그 빛을 드러내
어둠을 비춘다.

자기를 위하여 또는 온 양 떼를 위하여 삼가라. 성령이 그들 가
운데 여러분을 감독자로 삼고 하나님이 자기 피로 사신 교회
를 보살피게 하셨느니라. Acts 20:28

113. 주는 것

사랑을 준다.
다 주어야 한다.
더 주지 못해서 한이다.
마지막 육신까지 준다.

마음을 주는 것이 아니라면
주는 것이 무슨 의미인가?
물질이 아니라
감동을 준다.

그가 하신 것처럼
자신을 주어야 한다.
썩어 없어져 버릴 것이니
남겨서 무엇을 하겠는가?

마음이 가면
역사가 일어난다.
마음이 오면
모든 것이 온다.

그것을 알아야 한다.
그것이 비밀이다.

마음의 기적,
역사의 신비.

이제 그가 못 다한 일을
내가 해야 한다.
그가 보여주신 일을
내가 행해야 한다.

발로 걷고
손을 움직여
수고한 모든 것이
열매를 맺으리니

받으려 하지 말고
주어야 한다.
남김없이 주어
무로 남아야 한다.

범사에 여러분에게 모본을 보여준 바와 같이 수고하여 약한
사람들을 돕고 또 주 예수께서 친히 말씀하신 바 주는 것이 받
는 것보다 복이 있다 하심을 기억하여야 할지니라. Acts 20:35

114. 결박

울지 마라.
어차피 가야한다.
이것을 위하여
내가 부름을 받았다.

지나온 삶은
모두 헛것이었다.
발자국마다 부끄럽고
내어놓을 것이 없다.

눈이 가리어
앞을 보지 못하였고
귀가 어두워
진리를 듣지 못했다.

율법에 얽매어
세상을 심판했고
분노에 가득 차
생명을 미워했다.

걸어갈 길을 몰라
어둠에서 허우적댔고

자유의 하늘에
얼굴을 돌렸다.

구원을 결박하여
무덤에 처넣었고
의인을 박해하여
순교의 피를 흘렸다.

이제 그 결박이
나를 잡아매어
복음의 포승으로
이끌어 가고 있다.

그래, 이것이다.
자유란 결박을 벗는 것이 아니라
내 자신이 그 안에서 결박되어
거기에 무릎을 꿇는 것이다.

바울이 대답하되 여러분이 어찌하여 울어 내 마음을 상하게
하느냐? 나는 주 예수의 이름을 위하여 결박당할 뿐 아니라 예
루살렘에서 죽을 것도 각오하였느니라. Acts 21:13

115. 주의 뜻대로

억지로 할 수가 없다.
그의 뜻이 아니라면
아무런 역사도
일어나지 아니하니

어찌 내가
그의 뜻을 거슬러
나의 마음대로
할 수가 있겠는가?

자기의 길은
자기가 선택하여
자기의 믿음으로
걸어가는 것.

가다가 역사가 일어나고
하다가 뜻이 이루어지니
그에게 맡기고
그대로 실행하는 것.

내가 아니면
누가 이것을 할 것이며

내가 물러서면
누가 앞장을 서겠는가?

듣는 자가 하는 것이고
하는 자가 얻는 것이다.
그리고 나머지는
뜻대로 이루어진다.

지팡이를 내리치면
바다가 갈라지고
법궤를 메고 가면
강이 열릴 것이다.

뜻이 있어 감사하고
결단으로 역사가 이뤄지니
영광은 하늘이 받고
상급은 내가 받는다.

그가 권함을 받지 아니하므로 우리가 주의 뜻대로 이루어지이
다 하고 그쳤노라. Acts 21:14

116. 더럽혔다

나는 너를
더럽힌 적이 없다.
네가 스스로 자신을
더럽힌 것이다.

세상은 한 순간도
너를 더럽히지 못한다.
네가 피하는 그것이
너를 더럽힐 수 없다.

사람이 더러운 것이 아니라
마음이 더러운 것이다.
마음에 가득한 것이
입으로 나오는 법.

하여 매 순간
마음을 닦아야 한다.
마음을 쓸지 않으면
죄가 발 앞에 엎드린다.

무엇이 그렇게
못마땅한 것인가?

무슨 생각이
너를 지배하고 있는가?

자신을 살피지 않으면
자신의 생각에게 먹혀
한순간도 제대로
살아가지 못한다.

차별을 넘어서라.
생각의 한계를 넘어
분리의 장벽을 허물고
하나의 세계로 들어오라.

하늘이 하나이고
우주가 하나이거늘
무엇으로 너를 갈라
눈을 가리고 있는가?

이 사람은 각처에서 우리 백성과 율법과 이곳을 비방하여 모든 사람을 가르치는 그 자인데 또 헬라인을 데리고 성전에 들어가서 이 거룩한 곳을 더럽혔다 하니. Acts 21:28

117. 변 명

우리는 이렇게 출발했다.
생명은 영이다.
역사는 뜻이다.
사람은 삶이다.

섬김은 사랑이다.
꽃을 바치며 기도를 드리는 것은
꽃처럼 사랑하며
나누겠다는 것이다.

우리가 기도를 드리는 것은
아무리 세상이 어려워도
절망하거나 포기하지 않고
하늘의 뜻을 따르겠다는 것이다.

우리가 진리를 추구하는 것은
우주처럼 넓고
하늘처럼 높으며
바다처럼 깊겠다는 것이다.

적어도
겉으로의 만남이 아니라

진지하게
믿음으로 살겠다는 것이다.

한 번 정한 것은 변치 않으며
눈을 부릅뜨고
세상의 현실을
직시하겠다는 것이다.

민중을 호도하지 않고
태산처럼 든든히 서서
끝까지 진실을
따르겠다는 것이다.

그리고 마침내는
하나도 남기지 않고
먼지처럼 조용히
돌아가겠다는 것이다.

부형들아, 내가 지금 여러분 앞에서 변명하는 이 말을 들으라.
Acts 22:1

118. 열 심

뜨거운 마음에서
질투가 나온다.
마음이 없으면
질투도 없는 것.

열심의 마음에서
확신이 나온다.
너의 확신이
올바른 것인가?

너무 뜨거우면
화상을 입게 되고
너무 차가우면
마음이 사라진다.

그를 사랑하는가?
그를 자유하게 하라.
선택과 자유에서
창조가 나오는 법.

뜨거운 마음을 가지되
그것을 맹신하지 말라.

생명은 뜨겁게 사랑하고
진리는 냉철히 성찰하라.

그에 지나면
또 다른 죄를 범하게 될 것이니
더 이상 해 아래에서
무엇을 남기려는가?

바람이 불고
물이 흐르듯
하늘의 은혜가
네 안에서 흐르게 하라.

그렇게 살아가라.
하루가 천년처럼
천년이 하루처럼
날마다 영원을 살아가라.

나는 유대인으로 길리기아 다소에서 났고 이 성에서 자라 가
말리엘의 문하에서 우리 조상들의 율법의 엄한 교훈을 받았고
오늘 너희 모든 사람처럼 하나님께 대하여 열심이 있는 자라.
Acts 22:3

119. 큰 빛

빛을 주소서!
한줄기 진리의 빛이
내 안에 흐르게 하소서!
그 빛이 세상의 희망이 되게 하소서!

구원의 빛이
내 안에 비추어
영혼의 어둠이 물러가고
날마다 새날을 살게 하소서!

빛이 없으면
캄캄한 흑암이 되어
모든 생명이 사라질 것이니
어떻게 하룬들 살아갈 수가 있겠습니까?

어느 날,
은혜의 세상이 열렸고
그때 나에게
빛이 비쳐왔습니다.

그 빛으로
내가 살아났고

그 빛을 통해
나의 세계가 열렸습니다.

이제 다시
길을 걷습니다.
진리의 빛을 따라
소명의 길을 걸어갑니다.

아무도 가지 않는 길,
나에게 주어진 축복의 길,
기쁨으로 순례의 찬송을 부르며
앞으로 발걸음을 내딛습니다.

아무런 두려움도 없이
모든 것을 맡기고 기도를 드립니다.
그 빛을 나에게 비추소서!
하늘의 길을 걷게 하소서!

가는 중 다메섹에 가까이 갔을 때에 오정쯤 되어 홀연히 하늘
로부터 큰 빛이 나를 둘러 비치매 Acts 22:6

120. 누구십니까?

어둠과 절망의 날에
나에게 찾아온
당신은 나에게
진정 누구십니까?

나는 하늘의 진실에
두 눈이 가리워져
보아야 할 아무것도
보지 못하고 있었습니다.

밝혀진 아무것도
보이지 않았습니다.
보아야 할 그 무엇도
볼 수가 없었습니다.

내가 살아온 세상은
하나의 신기루였습니다.
나는 그것을 따라
세상을 걸어왔습니다.

모든 것이
순식간에 사라진 지금

이제 나는 누구를 기다리며
무엇을 보아야 하는 겁니까?

마침내 마지막
나의 광야에 섰을 때
거기에서 나는
하늘의 소리를 들었습니다.

어디로 가느냐?
무엇을 원하느냐?
지금 무엇을 따라
살아가고 있느냐?

이렇게 그의 본질은
나의 환상을 깨뜨리며
내가 보아야 할 진실은
나의 허구를 밝혀냈습니다.

내가 대답하되 주님 누구시니이까 하니 이르시되 나는 네가
박해하는 나사렛 예수라 하시더라. Acts 22:8

121. 왜 주저하느냐?

무엇을 기다리느냐?
무엇을 보아야 하느냐?
얼마나 더 오래
생각해야 하느냐?

수없는 역사가 흘러갔고
내가 거기에 있었는데
무엇을 더 손에
쥐어줘야 하느냐?

그래, 너는
거기에서 죽어라.
나는 이 길을 걷다가
하늘로 올라가리라.

모두가 언젠가는
자기의 삶을 마치게 되는 것.
그때 바로 영광의 면류관을
얻게 되는 것.

그래서 한 번은
도약을 해야 한다.

죽음의 강을 건너
하늘로 들어가야 한다.

그리고 마침내
모든 것을 마치고
눈을 감아야 한다.
입을 닫아야 한다.

이를 갈고 눈물을 흘리며
몸부림치다가 죽을 것인가?
아니면 기쁨으로 걷다가
하늘로 올라갈 것인가?

모든 선택은
자기가 하는 것.
모두가 한 번은
하늘 앞에 서야 한다.

이제는 왜 주저하느냐? 일어나 주의 이름을 불러 세례를 받고
너의 죄를 씻으라 하더라. Acts 22:16

122. 황홀

그의 뜻을 따른다.
처처에 기쁨이요
천지가 충만하다.
우주가 신성이다.

깊은 곳에서
샘이 흐른다.
마름도 없고
부족함도 없다.

그를 따라가는데
무엇이 더 필요한가?
조금만 있으면 된다.
하늘을 먹으면 된다.

그와 함께
그와 하나 되어
그 안에 거한다.
더 이상 다른 것은 필요 없다.

하루를 살아가고
하루를 마치게 되면

하루가 지나가고
새 하루가 찾아온다.

내가 걸어갈
그 길을 안다.
주어진 운명을 따라
순명의 길을 간다.

모든 일을 마치고
하늘로 돌아간다.
나의 마지막,
그것이 온다.

모두가 처음이요
모두가 마지막이다.
다시는 오지 않을
그날의 안식이다.

후에 내가 예루살렘으로 돌아와서 성전에서 기도할 때에 황홀
한 중에. Acts 22:17

123. 이방인에게로

아무도 가지 않는
그 길을 간다.
누구도 걷지 않는
그 길을 걷는다.

그것이 나의 자랑이며
그것이 나의 면류관이다.
너의 자랑은 무엇이며
너의 업적은 무엇인가?

편한 곳이 아니라
필요한 곳에 간다.
좋은 것이 아니라
힘든 것을 택한다.

그래야 역사에
내가 할 말이 있을 것.
비굴하게 죽느니
걸어가며 죽는다.

날마다 목표를 정하여
하루를 걸어간다.

더 빠르게
더 멀리

그것이 없다면
삶의 의미가 무엇이며
하루의 숨을 쉼이
무슨 의미가 있겠는가?

그 자리에 선다.
삶과 죽음의 경계.
순간과 영원의 사이.
매일 칼날 위를 걷는다.

그대는 지금
어디에 있는가?
나는 지금
여기에 있다.

나더러 또 이르시되 떠나가라 내가 너를 멀리 이방인에게로
보내리라. Acts 22:21

124. 양심

하늘 앞에서
부끄러움이 없어야 한다.
내가 말하는 것이 아니라
하늘이 말하도록 해야 한다.

날마다 자신을
갈고닦지 않으면
마음의 빛이 흐려져
하늘을 보지 못하게 될 것.

내가 생각한 그것이
마냥 옳은 것이 되고
내가 하는 모든 것이
다 올바르다고 한다면

다시 돌아설 기회가
사라져 버리게 될 것이다.
그리하여 돌이킬 수 없는
무서운 일이 일어나게 된다.

너의 마음을
어디에 놓겠는가?

그 마음을
나에게 보여 다오.

내가 돌아설 기회가
내게 주어진 기회가
단번에 끝나버리게 된다면
더 맑게 닦을 필요도 없다.

그것이 더 무서운 것.
양심에 화인을 맞아
돌이킬 기회를 잃어버린다면
영원한 지옥이 계속될 것이니

그래서 이렇게 나는
날마다 칼날 위를 걸으며
나 자신의 목을 내어 놓아
흐르는 물에 씻는 것이다.

여러분 형제들아 오늘까지 나는 범사에 양심을 따라 하나님을
섬겼노라. Acts 23:1

125. 증언

하루를 살아가는 삶의 의미와
어떻게 살아야 하는 삶의 방법과
숨을 쉬며 먹고 사는 삶의 가치와
삶의 길을 걸어가는 방향을 찾는다.

무엇 때문에 살고
무엇을 구하며
어디로 걸어가며
무엇을 바라는가?

이 길을 추구하는 것이
하늘이 원하는 길이라면
적어도 이에 대답하는 것이
오늘 내가 서있는 자리이다.

거기에서 출발한다.
옳고 그름을 따지는 것이 아닌
존재의 의미를 묻는 것이며
살아가는 이유를 찾는 것이다.

이러한 세상의 질문에
무슨 답을 주고 있는가?

영역을 넓히는 것인가?
깊이를 밝히는 것인가?

삶의 고뇌와
삶의 고백을
하늘에서 떨어진 계시로 믿는다면
그것은 도대체 어디에서 온 것인가?

삶의 고민도 없이
무조건 믿기만 하면
영생을 얻는다고 하는데
그것을 얻어서 무엇에 쓰려는가?

제국의 평화에 질문을 던지며
당연한 것에 온몸으로 저항하는
그 불멸의 영성을 찾아
나는 오늘도 길을 걷는다.

그날 밤에 주께서 바울 곁에 서서 이르시되 담대하라 네가 예
루살렘에서 나의 일을 증언한 것 같이 로마에서도 증언하여야
하리라 하시니라. Acts 23:11

126. 동맹

제대로 정신이 박힌
깨어있는 자들이
힘을 모아야 한다.
모여야 산다.

악의 세력들은
죽기 살기로
머리를 맞대고
음모를 일삼는데

믿음으로 은혜롭게
적당히 나가는 긍정은
무모하고 순진하며
무책임한 생각이다.

비둘기처럼 순결해야 하지만
또한 뱀처럼 지혜로워야 한다.
아무것도 없이 잘 될 것이라는 생각은
백전백패를 가져올 뿐.

우리가 가져야 할
하늘의 검은 무엇인가?

성령의 강한 바람이
저들을 쓸어갈 수 있을까?

기적만을 바라는 단순한 믿음은
아무런 역사도 일으키지 못한다.
자기를 바치는
희생이 있어야 한다.

그래서 그는
자기를 바쳐 십자가에 오른 것.
그것이 승리를 얻고
부활의 역사를 일으킨 것이다.

악의 동맹에 대항하는
선한 동맹이 필요하다.
앞장서 진군해 나가는
오늘의 의인들은 어디에 있는가?

날이 새매 유대인들이 당을 지어 맹세하되 바울을 죽이기 전
에는 먹지 아니하고 마시지도 아니 하겠다 하고. Acts 23:12

127. 전 염 병

그냥 잠자코
죽어 있으면 좋겠지.
너희들이 하는 대로
소리 없이 따라오기를 바라겠지.

그것을 평화라고 하겠지.
소요를 일으키지 말고
주는 대로 처먹으며
조용히 살기를 원하겠지.

그것을 넘어서
정신을 차리고
제 소리를 내면
세상이 시끄럽다 하겠지.

진리가 밥 먹여주는 것도 아니고
경제가 우선이라
먹어야 사는 것이고
고기부스러기에 취하기를 바라겠지.

그것 때문에
사는 것이 아니겠어?

수염이 석자라도
먹어야 양반이지.

사흘을 굶으면
담 안 넘을 사람이 없다하며
배가 조금 부르니까
진짜 배고픈 줄 모른다 하겠지.

절 한 번만 하면
천하를 준다하겠지.
돌 가지고
떡을 만들어 먹으라 하겠지.

그러나 굼벵이도 밟으면
꿈틀거리는 법이야.
사람이 떡으로만 사는 것은 아니거든.
그래서 그분은 발뒤꿈치를 들으셨지.

이 사람은 전염병 같은 자라. 천하에 흩어진 유대인을 다 소요
하게 하는 자요 나사렛 이단의 우두머리라. Acts 24:5

128. 가시채

나를 치라.
그것이 운명이라면
아무런 두려움도 없이
그 길을 걸으리라.

그가 가라시면
그가 원하시면
다시 일어서
새롭게 출발하리라.

갈 길을 알지 못하고
시간도 알지 못하지만
끝까지 가다가 보면
마지막에 이르게 되겠지.

아무런 항변도 없이
묵묵히 입을 다물고
주어진 사명에
순종하리라.

때론 눈물이 흐르고
도저히 참을 수가 없어도

입을 열지 않으리라.
멈추지 않으리라.

거역할 수 없고
거절할 수 없는
거대한 그림자가
나를 덮을지라도

소리를 내지 않고
불평하지 않고
주어진 길을
걸어가리라.

마침내 걷다가 깨달음을 얻고
드디어 종착점에 이르게 되면
그 앞에 모든 것을 내려놓고
승리의 노래를 부르리라.

우리가 다 땅에 엎드러지매 내가 소리를 들으니 히브리말로
이르되 사울아 사울아 네가 어찌하여 나를 박해하느냐? 가시
채를 뒷발질하기가 네게 고생이니라. Acts 26:14

129. 유라굴로(Euraquilo, northeaster)

바람아 불어라.
세차게 몰아치라.
나를 데려다가
하늘로 가게 하라.

나의 길에 불어와
멈출 수 없게 하라.
가다가 못가면
죽기밖에 더하겠는가?

나머지 모든 일은
나의 후예가 하리라.
나의 사명은
거기까지인 것이니

아무런 미련도 없다.
이름을 남기고
명예를 남길
하나의 이유도 없다.

그냥 길을 걷다가
하늘로 가면 된다.

바람이 불 때
돛을 달아야 한다.

때가 늦으면
아무것도 할 수 없다.
그때 슬피 울며
한탄할 것이 없다.

바람이 불면
바람을 타고
태풍이 불면
기다리면 된다.

후회할 것도 없고
머뭇거릴 것도 없다.
한 번뿐인 세상이니
거침없이 사는 것이다.

얼마 안 되어 섬 가운데로부터 유라굴로라는 광풍이 크게 일
어나니. Acts 27:14

130. 하나님의 나라

전쟁과 학대를 그치고
욕심과 탐욕을 버린
진정한 평화의 나라.
회개한 사람들의 나라.

모든 사람들은
하늘 앞에서 평등하다.
같은 권리를 가지고
동일선상에 있다.

불의를 버리고
정의를 추구하며
같은 물을 먹고
같은 공기를 마신다.

거짓과 편견을 버리고
열린 마음 위에
믿음을 세운다.
진리의 나라이다.

적대나 미움이 아닌
관용과 사랑에서

그의 행동을 시작한다.
그것이 삶의 이유이다.

이웃의 아픔이
나의 눈물이고
서로의 손을 잡고
길을 걸어간다.

아무런 희망도 없는
절망의 세상에서
불굴의 용기를 가지고
자유의 하늘을 바라본다.

이렇게 어깨동무를 하고
서로를 바라볼 때
그때 하늘이 열리고
그의 나라가 임하게 될 것이다.

하나님의 나라를 전파하며 주 예수 그리스도에 관한 모든 것
을 담대하게 거침없이 가르치더라. Acts 28:31

에필로그(Epilogue)

당신 옆에
있고 싶습니다.
언제까지 당신과
함께하겠습니다.

이것이
나의 행복이요
이것이
나의 기쁨입니다.

당신의 모든 것을
사랑하겠습니다.
당신이 가진 것이 아니라
당신 자신을 사랑하겠습니다.

어떤 일이 있어도
흔들리지 않겠습니다.
끝까지 참아내며
당신 옆에 있겠습니다.

그 누가 뭐라 해도
모든 사람이 당신을 비난해도
나만큼은 당신을
믿어주겠습니다.

이것이 나의 선택이며
이것이 나의 사랑이기에
흘러간 시간들을
후회하지 않겠습니다.

세월이 하얗게
모래처럼 흘러내려도
변함없이 그 자리에
서있겠습니다.

당신을 사랑합니다.
당신을 위해 기도합니다.
나에게 주어진 모든 것을 바쳐
사랑의 기적을 만들어가겠습니다.